シリーズ〈ことばの認知科学〉

3

社会の中の
ことば

辻 幸夫・菅井三実・佐治伸郎 編集

朝倉書店

編集者

辻　　幸　夫	慶應義塾大学名誉教授
菅　井　三　実	兵庫教育大学大学院学校教育研究科 教授
佐　治　伸　郎	早稲田大学人間科学学術院人間科学部 准教授

執筆者

菅　さ　や　か	慶應義塾大学文学部
多々良　直　弘	桜美林大学リベラルアーツ学群
井　上　逸　兵	慶應義塾大学文学部
大　月　　実	大東文化大学外国語学部
出　原　健　一	滋賀大学経済学部
永　田　昌　明	NTTコミュニケーション科学基礎研究所
李　　在　鎬	早稲田大学大学院日本語教育研究科
荒　牧　英　治	奈良先端科学技術大学院大学先端科学技術研究科

（執筆順）

シリーズ刊行の趣旨

　本シリーズ「ことばの認知科学」（全4巻）は，20世紀に生まれた認知科学における言語研究を踏まえた上で，特に21世紀に入って著しい理論的・実証的研究の飛躍的な展開を概観したものである．第1巻『ことばのやりとり』，第2巻『ことばと心身』，第3巻『社会の中のことば』，第4巻『ことばと学び』という観点でそれぞれまとめられ，各巻8章，シリーズ全体は32章から成り立つ．各章のトピックとなる研究分野において押さえておきたい基礎知識と概要，そして現在の研究課題や今後の展望について書き下ろしている．

　シリーズの特徴は大きく3つある．1つめは人文・社会・自然科学などの関連分野で活躍する35人の専門家が，それぞれの学問的研究成果を携えて，認知科学という学際的観点からの言語研究を解説している点である．2つめは言語の音韻・形態・統語などの静的・構造的問題から，言語のもつ意味やコミュニケーションにおける振る舞いなどの動的・機能的側面についての研究課題を重要視している点である．3つめとしては，伝統的な言語研究の手法であった直感・作例・テキストに頼る言語の定性的な研究手法を受容した上で，21世紀の言語研究の大きな特徴となる，言語の動的な側面と使用者との関連を定量的な手法も用いて解明する研究スタンスを強調していることである．そして言語現象の説明・記述において再現性を考慮した実験・観察および統計的・構成的な手法を試みる方法論的転回も反映したものになっている．

　言語は人間の認知活動の多くの側面に深く関係するため，必然的にいろいろな分野で研究が行われている．学問の多様性を統合する形で生まれた認知科学は，計算論的なアプローチにはじまり，状況性，身体性，相互作用などさまざまな観点を加えて発展してきた．本シリーズではこうした認知科学の展開を見据えて，文系や理系という学問的制度のもつ制約にとらわれることがないように編まれている．

　本書が想定する読者は，ことばに関心をもつ学生から大学院生，特に言語学，

心理学，教育学，自然言語処理，医学，看護学などを専攻する初学者，教育，医療，福祉などに従事する専門家，言語と認知について関心を抱く他分野の専門家や一般読者を想定している．広い観点から，各々の興味の対象となる言語研究に考えを巡らすことができるような「ことばの認知科学」への誘いを目指している．読者1人1人が言語と認知について学問分野の垣根を越えた学際的洞察を得られることができればと編者は願うものである．

編集者　辻　幸夫・菅井三実・佐治伸郎

ま え が き

　第3巻は「社会の中のことば」というテーマのもと，社会文化あるいは社会
活動の観点から「ことば」を見た8つの章から構成される．ことばは，二者に
よる対話から，特定の目的を共有する会社や学校などのコミュニティ，さらに
は民族や国家など同じ慣習を共有する集団に至るまで，あらゆる規模の「社会」
に組み込まれる．そこで，本巻で言う「社会」には対人コミュニケーションと
しての社会的認知や対面・オンラインを通じた相互行為から，サブカルチャや
ユーモアなどことばのやり取りの中で生み出される文化，さらにその集積とし
て現在注目を集めているコーパス（大規模言語資料）やAI（人工知能）まで
もその射程に含む．

　第1章「ことばと社会」では，社会心理学の観点から，ことばと認知の関係
に焦点があてられる．本章では個人・社会・言語の関係に触れつつ，個人内だ
けでなく個人間で共有される認知を捉えようとする社会的状況的認知の有用性
を議論する．第2章「オンラインのことば」は，オンライン上に見られる言語
現象や言語行動に焦点があてられる．SNS上で用いられる打ちことばによる
コミュニケーション，ウェブ会議システムを介して行われるコミュニケーショ
ンなどの特徴を概観しつつ，心理的・社会的側面から対面コミュニケーション
との比較を行う．第3章「ことばと文化」は，ことばから見た文化に焦点があ
てられる．本章では文化進化論的知見を取り入れつつ，言語人類学，社会言語
学，相互行為論など，文化に対する様々なアプローチを概観する．第4章「こ
とばとユーモア」は，笑いとユーモアに焦点があてられる．「笑い」の起源と
進化を振り返りつつこれまでの「笑い」を捉える数々の理論を批判的に検討，
さらにことばを介した笑いの仕組みについて概観する．第5章「サブカルチャ
のことば」は，サブカルチャの一つとしてのマンガに焦点をあてる．本章では
マンガ表現に特有の技法や表現が人間の一般的な認知や言語的知識の構造に根
ざしていることを検討しながら，さらにこのような知見が言語研究に新たな視

点をもたらす可能性が議論される．第 6 章「ことばと機械翻訳」は，機械翻訳と言語能力の関係に焦点があてられる．言語を理解する能力や言語を発する能力を探りながら，機械翻訳における技術開発の変遷を概観する．第 7 章「ことばのコーパス分析」は，コーパスを用いた言語研究に焦点があてられる．コーパスによる言語の定量的分析は，この数十年で飛躍的に発展を見せており，コーパスの開発やコーパス分析の歴史，確率論的言語観や言語教育への応用の可能性まで広く概観する．第 8 章「ことばと AI」は，ことばを扱う AI 研究において，古典的アプローチ（形態素解析・構文解析）から現在主流のアプローチ（大規模言語モデルと深層学習）まで広く解説する．その上で近い将来，大規模言語モデルによってことばの研究に大きな変革がもたらされる可能性について議論される．

　本巻では，社会というややマクロ的な見地からことばを捉えているが，同時に，言語そのものに関する研究につながる柔軟なアプローチが採られている．社会の中の言語表現や言語使用の分析を通して，日常的な言語現象の実態とその面白さに興味と理解を深めていただくことができれば望外の喜びである．

　2024 年 9 月

編集者　辻　幸夫・菅井三実・佐治伸郎

目　　次

第1章　ことばと社会……………………………………………［菅さやか］…　1
　　第1部　現在までの流れ………………………………………………………　1
　　　第1節　社会的認知研究と言語…………………………………………　1
　　　第2節　原因帰属と言語…………………………………………………　2
　　　第3節　対人認知と言語…………………………………………………　6
　　第2部　今後の展望……………………………………………………………　13
　　　第4節　社会的認知から社会的状況的認知へ…………………………　13

第2章　オンラインのことば………………………………………［多々良直弘］**21**
　　第1部　現在までの流れ………………………………………………………　21
　　　第1節　オンラインのことば……………………………………………　21
　　　第2節　オンラインコミュニケーションに見る他者との関係性の構築…　22
　　　第3節　オンライン上の「打ちことば」とコミュニケーション………　28
　　　第4節　ウェブ会議システムを介したオンラインコミュニケーション…　31
　　第2部　今後の展望……………………………………………………………　35
　　　第5節　オンラインの言語研究のこれまでと今後の発展………………　35
　　コラム　オンラインにおけるメディア報道とメディア翻訳………………　39

第3章　ことばと文化………………………………………………［井上逸兵］…**42**
　　第1部　現在までの流れ………………………………………………………　42
　　　第1節　認知科学以前／以外の「ことばと文化」研究…………………　42
　　コラム　日本アニメの英語字幕・吹替に見る「ことばと文化」…………　46
　　　第2節　言語人類学と人類言語学………………………………………　47
　　第2部　今後の展望……………………………………………………………　49
　　　第3節　「ことばと文化」という視点から見た言語人類学の近年の動向…　49

vi　　　　　　　　　　目　　　次

第4節　相互行為と社会的認知と「文化」…………………………… 50
第5節　相互行為言語学の流れ…………………………………………… 51
第6節　トマセロと「文化」……………………………………………… 53
第7節　認知（機能）社会言語学……………………………………… 55
第8節　文化進化論………………………………………………………… 57

第4章　ことばとユーモア………………………………[大月　実]… **62**
第1部　現在までの流れ……………………………………………………… 62
第1節　ユーモア，笑いについて……………………………………… 62
第2節　「笑い」の起源と進化………………………………………… 63
第3節　「笑い」の研究小史：その概要と批判的検討………………… 66
コラム　言語文化による笑いの差異………………………………… 77
第2部　今後の展望………………………………………………………… 78
第4節　言語による笑い・可笑しみの仕組み……………………… 78
第5節　課題と展望：笑い・微笑による状況創出，今後の発展可能性… 80

第5章　サブカルチャのことば………………………………[出原健一]… **86**
第1部　現在までの流れ…………………………………………………… 86
第1節　マンガ学とは：マンガを題材とした研究に向けて………… 86
第2節　マンガ表現論（1）：黎明期……………………………… 92
第3節　マンガ表現論（2）：同一化技法………………………… 94
第4節　マンガ表現論（3）：身体離脱ショット………………… 98
第2部　今後の展望………………………………………………………102
第5節　マンガ表現論研究における今後の（認知科学的）展望………102
第6節　ライトノベル研究における今後の（認知科学的）展望………104
コラム　身体離脱ショットと自由間接話法………………………106

第6章　ことばと機械翻訳………………………………[永田昌明]… **109**
第1部　現在までの流れ……………………………………………………109
第1節　ルールベース翻訳………………………………………………109

目　　　次　　　　　vii

第2節　統計的機械翻訳……………………………………111
第3節　ニューラル機械翻訳…………………………………114
第4節　Transformer……………………………………122
第5節　訓練済み言語モデル…………………………………125
第6節　大規模言語モデル……………………………………131
第2部　今後の展望…………………………………………137
第7節　今後の機械翻訳について……………………………137

第7章　ことばのコーパス分析……………………［李　在鎬］…141

第1部　現在までの流れ……………………………………141
第1節　コーパスとは………………………………………141
第2節　研究領域としてのコーパス…………………………144
第3節　言語研究におけるコーパスの利用価値……………146
第4節　コーパス分析の言語観………………………………149
第2部　今後の展望…………………………………………150
第5節　研究モデルとして見た場合のコーパス分析…………150
第6節　応用研究の拡充………………………………………151

第8章　ことばとAI…………………………………［荒牧英治］…155

第1部　現在までの流れ……………………………………155
第1節　AIから自然言語処理へ……………………………155
第2節　4つの層……………………………………………158
コラム　層を超えた問題………………………………………162
第3節　2つのアプローチ……………………………………163
第4節　自然言語処理が抱えていた問題……………………163
第2部　今後の展望…………………………………………164
第5節　深層学習と大規模言語モデルの時代………………164
コラム　機械学習ことはじめ…………………………………166
第6節　言語モデルの汎用性…………………………………167
第7節　大規模言語モデル時代の研究………………………169

コラム　応用自然言語処理：医学を例に………………………………………172

索　　引…………………………………………………………………………175

第1章

菅さやか

ことばと社会

◆ キーワード

社会的認知，原因帰属，暗黙の因果性効果，意図，対人認知，ステレオタイプ，言語期待バイアス，共有的リアリティ，社会的状況的認知，再現性危機

　社会心理学の調査や実験では，言語を用いて参加者に質問し，参加者も言語を用いて回答することが一般的である．社会心理学の研究を実施する上で，言語は必要不可欠な要素であるといえる．しかしながら，社会心理学の歴史において，言語の重要性が認識されるようになってきたのは 1990 年代の終わりごろからであり，比較的最近になってからのことである．本章では，社会的認知研究における代表的な研究領域である原因帰属と対人認知を中心に，言語と認知の関係を明らかにした研究を概観する．最後に，2011 年ごろから心理学界で話題になっている再現性危機に関する問題を考察する上で，言語と認知の関係を明らかにする研究知見や，社会的状況的認知という視座が有用であることについて議論する．

第1部　現在までの流れ

第1節
社会的認知研究と言語

　社会心理学とは，社会と人の相互の影響関係を心理学的に解明しようとする学問である．その中でも，社会的認知と呼ばれる研究領域は，1960 年代ごろから起きた認知革命の影響を受けて誕生した領域で，主に自己や他者および人を取り巻く環境についての記憶や思考，推論といった個人内の情報処理過程の解明に焦点を当てるものである．心には，認知，感情，動機という 3 つの側面があると考えられているが，それらは独立しているのではなく，相互に関連し合うものであるため，社会的認知研究には，感情や動機に関連する認知過程の解明も含まれている．また，社会的認知研究における認知の対象は，自己や他者，対人関係，状況，集団，文化など多岐にわたる．社会的認知研究がこれほど多様であることは，社会的認知研究が，社会心理学全体に通じる 1 つの方法論として位置づけられることを意味している（唐沢，2020）．

2   第1章　ことばと社会

　社会的認知を解明するためには，多くの場合，言語を使った調査や実験が行われる．言語コミュニケーションを抜きにして社会的認知を明らかにすることはほぼ不可能であり，言語と認知が相互に関連していることは，社会心理学者にとって暗黙の前提になっている．そのため，言語や言語コミュニケーションという要因を取り立てて研究を実施したり，概観したりする必要性が感じられず，結果的に，社会的認知研究において言語が1つの領域として成立しにくくなっているといえる（菅，2018）．しかし，社会的認知研究において言語に着目することの重要性は古くから指摘されており，意思決定や説得的コミュニケーション，原因帰属，対人認知などの様々な領域において，言語と認知の関係を明らかにする研究が実施されてきた．研究知見が蓄積されてきたことにより，1990年代の終わりごろから，言語や言語コミュニケーションという枠組みで，多様な社会的認知研究を整理し，概観しようとする試みが増えてきた．例えば，社会心理学の代表的なハンドブックである *Handbook of Social Psychology* には，初版（Lindzey, 1954）以来，言語に関する章が設けられていたものの，その著者は社会心理学者ではなく，1998年の第4版（Gilbert et al., 1998）で初めて社会心理学者が言語に関する章を執筆した（岡，2001）．

　本章では，社会的認知研究の代表的な領域である原因帰属と対人認知において実施されてきた言語コミュニケーションに関する研究を概観する．さらに，社会的認知を社会的状況的認知として捉え直すことの重要性を指摘し，2011年ごろから，社会心理学だけでなく，心理学界全体で問題になっている再現性危機について議論を展開する．

第2節
原因帰属と言語

　原因帰属（causal attribution）とは，人の行動や出来事を観察した際に，その原因が何であるかを推論する心のはたらきである．言語表現のわずかな違いが，原因の推論に影響を及ぼすことや，原因の説明に用いられる言語表現に原因の推論内容が反映されることを明らかにした研究知見が蓄積されている．

(a) 暗黙の因果性効果

　ブラウンとフィッシュ（Brown and Fish, 1983）は，記述に用いられる対人動詞の種類によって，その文章の読み手が，暗黙のうちに原因として知覚する

対象が変化するという「暗黙の因果性効果（implicit causality effect）」を明らかにした．例えば，"Ted helps Paul." に含まれる help のように，行為動詞（action verb）が述語に用いられた場合，その文章の読み手は，主語に置かれた人や物に原因（例：Ted が Paul を助けるのは，Ted が親切な人物であるため）を知覚しやすい一方，"Ted likes Paul." に含まれる like のように，状態動詞（state verb）が述語に用いられたときには，読み手は，目的語に置かれた人や物に原因（例：Ted が Paul を好きなのは，Paul が好ましい人物であるため）を知覚しやすいという．行為動詞は，helpful のように，主語に置かれた人や物の特性を表す形容詞に派生することが多く，状態動詞は，likable のように，目的語に置かれた人や物の特性を表す形容詞に派生することが多い．このような語彙の特徴によって，原因帰属の傾向が規定されるという考えは，言語が認知に影響を及ぼすという言語相対性仮説（Whorf, 1956）の議論と一致する．ただし，対人動詞の因果性効果に関する実証的な検証は，英語やオランダ語などの欧米語圏で実施されてきたものがほとんどであるため，日本語をはじめとした他の言語における一般化可能性については検証が必要である（唐沢，2007）．

　原因の推論に影響を及ぼすのは，行為動詞や状態動詞といった対人動詞に限らない．記述に用いられる動詞が自動詞であるか他動詞であるかによっても，その読み手は，異なる原因を推論することがある．例えば，フォージーとボロディツキー（Fausey and Boroditsky, 2010）は，ある事件を自動詞で記述したシナリオと，他動詞で記述したシナリオを用意し，実験参加者にどちらか一方のシナリオを提示し，事件の責任の所在や賠償額に関する推測に違いが生じるかを検証した．その結果，自動詞のシナリオを提示された条件に比べ，他動詞のシナリオを提示された条件において，参加者は，行為者の責任を重く知覚し，行為者が支払う賠償額をより多く見積もることが明らかになった．また，フォージーら（Fausey et al., 2010: study 1）は，英語話者と日本語話者の参加者に対して，意図的な行為または非意図的な行為の映像を提示し，その映像を説明するよう求め，説明に用いられる動詞に違いが表れるかを検証した．分析の結果，日英両言語の話者において，非意図的な行為を観察した場合に比べ，意図的な行為を観察した場合に他動詞を多く用いる傾向があり，英語話者は日本語

話者に比べて，非意図的な行為に対しても他動詞を用いる傾向が顕著であることが明らかになった．菅ら（2011）や，唐沢と吉成（Karasawa and Yoshinari, 2023）も，日本語話者を対象にした実験によって，動詞の他動性と意図の認知に関連が見られることを示している．このように，他動詞が意図や責任の認知と関連するのは，他動詞が，目標を追求する力や，行為への志向性を意味する行為主体性（agency）を表しているためである．

（b）意図の認知と原因の説明

　暗黙の因果性効果は，語彙の種類がその読み手の原因帰属に一定の影響を及ぼすことを示している．このように言語が認知に影響を及ぼすことを明らかにした研究だけでなく，原因帰属の推論内容が，言語表現に反映されることを明らかにした研究もある．原因帰属研究では，行為の原因は，行為者の内的要因か，それ以外の外的要因，あるいはその両方に帰属されるという枠組み（Heider, 1958）を用いて，行為の意図や責任の判断に関する認知過程を明らかにしてきた．しかし，マレー（Malle, 2004）は，内的―外的要因による原因の説明が，必ずしも，意図的―非意図的な行動の理解と対応しているわけではないことを指摘し，一定のコーディングスキーム（符号化方式, coding scheme）（表 1.1）を適用し，説明内容を分析することによって，人が観察した行動に対して意図を認識していたか否かを判断することができることを示した．寺前・唐沢（2008）により，日本語の説明にもこのコーディングスキームを適用した分析が可能であることが明らかになっている．

　人は，意図的な行為には，行為者の願望や信念などが伴うという素朴理論を持っているという（Malle, 2001；Malle and Knobe, 1997）．そのため，意図的な行為は，行為者がその行動をする理由を用いて説明される（理由説明）．行為の意図を認識しているものの，その理由が明確でない場合には，行為者の心的状態が生じた背景について言及する説明が行われる（理由の来歴説明）．また，行為に意図を感じている場合でも，常に理由や理由の来歴による説明がなされるとは限らず，行為を実現するに至った手段などについての説明が行われる場合もある（実現可能要因説明）．そして，観察した行為に意図が感じられない場合には，その行動を引き起こした原因が何であったのかについて言及することによって説明がなされる（原因説明）．

第1部　第2節　原因帰属と言語　　5

表 1.1　行動に関する素朴理論的説明のコーディングスキーム（Malle, 2004, 2014；寺前・唐沢, 2008 を改変）

説明の種類	例	分類基準
理由説明 （reason explanation）	信念理由 ● 物的証拠から判断した ● その人物にアリバイがなかった 願望理由 ● 早く事件を解決したかったから ● 捜査の進展を急いでいたので	意図的な行為の説明に用いられ，行為者が行為への意図を形成した「理由」に言及した説明．「理由」とは行為者の願望，信念，好き嫌いなどの心的な状態であり，行為への意図を形成した時点の行為者の思考内容である．行為者が事実だと考えている知識や信念に言及する信念理由や，まだ実現されておらず，成就可能な行為者の欲求に言及する願望理由に分類できる．「物的証拠から判断した」のように，行為者の内的状態を直接的に表す語彙が含まれている場合もあれば，そのような明確な言語表現が含まれていない場合もある．
理由の来歴説明 （causal history of reason explanation）	● 焦っていたため ● 組織の統制がとれていないから ● 捜査が不十分であったから	行為が意図的である場合に用いられ，「理由」となる行為者の心的状態が生起した背景的要因に言及した説明．行為者の特性や環境などが含まれる．
実現可能要因説明 （enabling factor explanation）	● 手錠を持っていたから ● 仲間がたくさんいたから ● 逮捕状があったから ● 容疑者を取り押さえる腕力があったため	意図的な行為に対して用いられる説明．なぜ当該の行為に至ったのかという行為に対する意図や「理由」ではなく，その行為を実現した手段や行為の達成を促進した要因を説明しているもの．
原因説明 （cause explanation）	● 単なるミス ● ワナにはまったので ● うっかりしていたから	行為が非意図的と判断された場合に用いられる説明．行為者の意図が介在しない行為に対して，その行為を引き起こした要因に言及するもの．

例に挙げたのは，寺前・唐沢（2008）で用いられた実験刺激である「警察署／刑事が事件とは無関係な人物を逮捕した」という行動に対する説明である．

　人は，意図性の判断を非意識的かつ自発的に行っていると考えられる（Malle,

2001；Malle and Knobe, 1997）．意図性の判断が自発的になされるものである
ならば，質問紙尺度などを用いて，行動がどの程度意図的なものであると感じ
るかを尋ねても，その回答が，自発的な意図性の認識の程度を純粋に反映して
いるとは限らない．一方で，原因の説明に用いられる言語表現には，参加者自
身も気づかないうちに意図性の認識の程度が反映される（石井・菅，2016）．
つまり，意図性の認識の程度を測定する指標として，自由記述は妥当性の高い
ものであるといえる．しかし，自由記述によって意図性の認識の程度を測定す
るという方法は，社会心理学者の間で広く認識されてはおらず，普及している
とは言い難い現状である．

第3節
対人認知と言語

　対人認知とは，他者の特性について推論したり，他者の全体的な印象を形成
したりする認知過程である．広義には，上述した原因帰属も対人認知の一種と
みなされることがある（山本・原，2006）．言語が対人認知に影響を及ぼすこ
とを示した研究や，その反対に，対人認知が言語表現に反映されることを示し
た研究，そして参加者が産出した言語表現が，参加者自身の対人認知や，その
言語表現を受け取った人物の対人認知に影響を及ぼすことを示した研究などが
実施されている．

（a）事前の言語情報が印象形成に与える影響

　他者についての全体的な印象を形成する際，その人物について事前に与えら
れた言語情報によって他者についての予期が発生し，その予期に基づいて印象
が形成されることがある．ケリー（Kelley, 1950）は，大学の実際の講義を利
用して，事前の言語情報が印象形成に及ぼす影響を検証した．実験当日，実験
者が講義の教室に出向き，担当教員が出張で不在のため，代理講師が来ている
ことを学生に告げた．実験者は，初対面の人に対する印象を調べるための研究
に協力するよう学生に依頼し，講義後に，講師の印象について尋ねることを予
告した．そして，講師を教室に招き入れる前に，講師の紹介文を学生に配付し
た．紹介文には講師の学歴や年齢などの情報とともに，性格についても書かれ
ており，その一部として「やや冷たく」あるいは「非常に温かく」という情報
のいずれか一方が記載されていた．実験参加者となる学生には，紹介文が2種

類あることは知らされず，学生はどちらか一方の紹介文を受け取った．その後，講師が入室し，ディスカッションを交えた講義を20分程度行った．講師が退室した後で，実験者は，講師の印象に関する質問に回答するよう学生に依頼した．

　学生の回答内容を分析した結果，冷たいという情報を受け取った参加者に比べ，温かいという情報を受け取った参加者は，講師に対してより社交的で，人望があり，ユーモアにあふれているなど，全体的に肯定的な印象を形成していることが明らかになった．この結果から，人は事前の言語情報に基づいて他者についての予期を持ち，その予期と実際の他者の行動を照らし合わせながら他者を評価し，予期に沿った形で全体的な印象を形成することが示された．

　ケリー（Kelley, 1950）の研究では，他者についての情報が参加者に意識できる形で与えられ，参加者自身もその情報を意識的に考慮して印象を形成していたと考えられる．しかし，印象形成に影響を与えるのは，そのような意識可能な言語情報だけではない．ヒギンズら（Higgins et al., 1977）は，参加者が対人認知との影響関係を意識できない場合であっても，事前の言語情報が対人認知に影響を及ぼすことを示している．この研究では，最初に参加者に対し，ある課題をこなしながら，いくつかの単語のリストを記憶するという課題に取り組むよう教示した．単語リストは2種類あり，1つは「勇敢」に関連する望ましい特性語が含まれるものであり，もう1つは「むこうみず」に関連する望ましくない特性語が含まれるものであった．参加者にはいずれか一方のリストを提示した．この課題の後，別の実験として，ドナルドという人物についての文章を読み，ドナルドについての印象を回答するよう参加者に求めた．ドナルドについての文章は，勇敢ともむこうみずとも解釈できる内容のものであった．参加者の印象評定の内容を分析した結果，事前の課題で「勇敢」に関連する特性語を提示されていた参加者は，「むこうみず」に関連する特性語を提示されていた参加者に比べ，ドナルドに対して肯定的な印象を形成していることが明らかになった．

　このような結果が得られたのは，事前に与えられた一連の特性語により，その特性概念が活性化され，頭の中で思い浮かびやすい状態になっていたためであると考えられる．事前に与えられた情報により，特定の概念が活性化され，

それが後続の記憶や判断，推論といった情報処理に影響を及ぼすことを「プライミング効果（priming effect）」という．

(b) 情報の受け手への同調と言うことは信ずること効果

　コミュニケーション場面における，情報の受け手の態度が，情報の送り手が行う対人認知の手がかりとなることがある．ヒギンズとロールズ（Higgins and Rholes, 1978）は，以下のような実験により，コミュニケーション場面における対人認知の過程を明らかにした．この実験では，参加者に情報の送り手の役割を与えた．そして，送り手には，サクラ（実験協力者）の情報の受け手に対して，受け手が所属する集団のメンバーのうちの一人（話題の対象＝ターゲット）の情報を伝えるよう教示した．受け手の課題は，集団のメンバーのうち，送り手が誰のことについて言及しているかを言い当てることであるという設定であったため，送り手には，ターゲットの名前に直接言及しないよう指示した．送り手に与えたターゲットの情報は，肯定的にも否定的にもとれる曖昧な情報であり，それに加えて，情報の受け手がターゲットに対して好意的または非好意的な態度を持っていることを伝えた．送り手が作成したメッセージの内容を分析した結果，受け手がターゲットに対して好意的な態度を持っている場合には，ターゲットに関する情報が肯定的な内容で記述され，受け手がターゲットに対して非好意的な態度を持っている場合には，否定的な内容で記述されていることが明らかになった．また，メッセージの作成から時間を置いて，情報の送り手のターゲットに対する記憶や印象を測定したところ，メッセージの内容と一貫した記憶や印象が形成されていた．

　以上の実験で明らかになったことの１つは，送り手が，情報の受け手のターゲットに対する態度に合わせてメッセージを作成するということである．この現象は，「受け手への同調（audience tuning）」と呼ばれる．また，受け手への同調の結果，作成したメッセージ内容に一貫する形でターゲットに対する記憶や印象が形成されることも明らかになっており，この効果は，「言うことは信ずること効果（saying is believing effect）」と呼ばれている．受け手への同調と言うことは信ずること効果は，常に共起するわけではない．情報の受け手との間に理解が共有されなかったというフィードバックを受け取った場合や（Echterhoff et al., 2005），情報の受け手に対してポライトネス（丁寧さなどの

対人配慮）を働かせて情報伝達をするなど，情報共有以外の動機に基づく伝達をする場合（Echterhoff et al., 2008），外集団（自分が属さない集団）の成員が受け手である場合（Echterhoff et al., 2017: Experiment 1 a, 1b）などは，受け手への同調は生じても，言うことは信ずること効果は生じない．情報の受け手にメッセージを伝達することによって，そのメッセージが受け手と共有されたという感覚が生じたときにのみ，言うことは信ずること効果が生じると考えられている．個人が経験を通して獲得したものが他者によって共有されたという状態に対する認識のことを「共有的リアリティ（shared reality）」という（Hardin and Conley, 2001；Higgins, 1992, 2019）．ヒギンズらの研究グループは，単に情報を伝達するだけではなく，共有的リアリティが確立された場合にのみ，伝達内容に応じた記憶や印象が形成されることを数々の実験によって示し，「分かち合うことは信ずること効果（sharing is believing effect）」とも表現している（Higgins et al., 2021）．

(c) ステレオタイプが言語コミュニケーションの量的な側面に及ぼす影響

社会的認知研究において，対人認知に影響を与える最も重要な要因の1つとして考えられているのは，ステレオタイプである．ステレオタイプとは，特定の集団やカテゴリに対する知覚者の知識や信念，期待などを含む認知構造である（Hamilton and Trolier, 1986）．人は，他者が所属しているカテゴリや集団に関する情報を手がかりにし，ステレオタイプに基づいて個人の特性を推論したり，行動を解釈したりする傾向がある．一般的には，人はステレオタイプの変容よりも維持を好み，ステレオタイプに一致しない（stereotype inconsistent: SI）情報よりも，ステレオタイプに一致する（stereotype consistent: SC）情報の方に注意が向きやすく，記憶にも残りやすい．ただし，既存のステレオタイプとの矛盾を解消しようとする動機や認知的な余裕がある場合には，SI情報に多くの注意が向けられ，記憶にも残りやすくなることがある．

ステレオタイプに関連する情報に接した際の個人の認知と同様の傾向は，2者以上のコミュニケーション場面でも発現することがある（菅, 2023）．例えば，伝言ゲームのように，他者の情報を人から人へと伝達する場面においては，情報の伝達を経るにつれ，SI情報よりも，SC情報への言及が相対的に多くなることが明らかになっている（Kashima, 2000）．これは，SC情報を用いた情報

10   第1章 ことばと社会

伝達が，会話の格率（Grice, 1975）のうち質の格率に従っているためであると
考えられる（Kashima et al., 2007）．しかし，SC 情報は，情報の受け手にとっ
て既知の情報であることが多いため，SC 情報を伝えても，情報の受け手は新
しい情報を得ることができるわけではなく，その意味においては，量の格率を
破ることになってしまう（脚注1参照）．しかしながら，SI 情報を多く伝えると，
一般的な事実とは異なる情報を伝えることになり，質の格率を破ることになっ
てしまう．情報の送り手と受け手がステレオタイプを共有している場合には，
SI 情報はターゲットについての新しい情報を提供する一方で，質の格率に反
したコミュニケーションとなり，それが送り手と受け手の社会的な関係性の維
持や構築を阻害する要因になる可能性が懸念される．情報の受け手と送り手が，
ステレオタイプを共有している場合には，量の格率に従って，SC 情報より SI
情報への言及が増えることはあるが（Lyons and Kashima, 2003），情報の送り
手が受け手と社会的な関係を維持あるいは構築しようとする動機がある場合に
は，質の格率に従って，SI 情報より SC 情報を用いた伝達が行われやすい（Clark
and Kashima, 2007）．

　コミュニケーション場面において，SI 情報への言及が増える場合もあるが，
その背後には，SC 情報に基づいた判断が潜んでいる場合があることも明らか
になっている．コリンズら（Collins et al., 2009）は，白人の実験参加者に対し
て，ある学生の学業成績を含む情報を提示し，その人物についての印象を記述
するよう求めた．このとき，ターゲットである学生が白人であると伝える条件
と，黒人であると伝える条件を設けた．参加者が記述した印象の内容を分析す
ると，ターゲットが白人である条件に比べて，黒人である条件において，ター
ゲットに対して肯定的な印象が多く記述されていた．この実験が行われた米国
においては，一般的に白人学生よりも黒人学生の学業成績は低いというステレ
オタイプが広く共有されていることを踏まえると，黒人学生に対して肯定的な
印象を記述するということは，SI 情報について多く言及しているということ
になる．しかし，この肯定的な印象は，実験参加者が黒人の学業成績は低いと
いうステレオタイプを評価基準として適用し，ターゲットの黒人学生に対して
「黒人のわりに優秀である」と評価したために形成されたものであると考えら
れる．このように，他者を評価する際に，その人物が所属する集団やカテゴリ

のステレオタイプによって，評価基準を変化させることを「評価基準の変移（shifting standards）」という（Biernat, 2012）．表面的にはSI情報に言及していたとしても，その背後には，ステレオタイプを適用した判断が行われているといえる．実際，実験参加者に，ターゲットの学業成績について記憶再生を求めたところ，白人学生より，黒人学生の成績を低い値で再生していた．また，ターゲットの人種を明らかにした状態で，参加者が記述した印象を別の参加者に提示し，ターゲットの学業成績について推測させたところ，白人学生よりも黒人学生の印象の方が肯定的に記述されていたにもかかわらず，黒人学生の成績は白人学生の成績より低い値であると推測されていた．この研究結果は，コミュニケーション場面において，SI情報への言及があったとしても，結果的にはSC情報が共有されるという皮肉なものであり，個人のレベルだけではなく，文化や社会といった集合的なレベルにおいても，ステレオタイプの変容より維持が好まれることを示唆している．偏見や差別の解消が困難である原因の一端は，このようなコミュニケーションを通したステレオタイプの共有的な維持過程にあると考えられる．

(d) ステレオタイプが言語コミュニケーションの質的な側面に及ぼす影響

ステレオタイプは，コミュニケーション場面において，量的にSC情報への言及を増加させるだけではなく，SC情報を維持する方向の言語表現を誘発し，質的にもSC情報を維持することがある．一般的に，人が他者のステレオタイプに一致する行動を観察した場合には，その行動をステレオタイプ的な特性として一般化する言語表現を用いて記述し，ステレオタイプに一致しない行動を観察した場合には，その場限りの一時的な行動を表す言語表現で記述する傾向があり，これを「言語期待バイアス（linguistic expectancy bias）」という（Maass et al., 1995；Wigboldus et al., 2000）．集団やカテゴリに対する期待であるステレオタイプだけではなく，個人に対する期待に一致する行動や一致しない行動を観察した場合にも，期待に一致する行動は特性的に記述され，期待に一致しない行動は具体的な行動で記述される（Maass et al., 1995: Experiment 2）．

言語期待バイアスを検証する際に，参加者が記述した内容を分析するための分類基準を示しているのが，「言語カテゴリモデル（linguistic category model）」である（Semin and Fiedler, 1988）（表1.2）．これは，人物について言及する文

章の述語部分を，抽象度という次元に基づいて，形容詞と3つの動詞カテゴリによって分類するものである．形容詞の抽象度が最も高く，状態動詞，解釈的行為動詞，記述的行為動詞の順で抽象度が低くなっていく．形容詞よりも名詞の方が，より抽象度の高いカテゴリとして位置づけられることを示す研究結果もある（Carnaghi et al., 2008）が，一般的には，形容詞までの4つのカテゴリを用いて言語表現を分類することが多い．ステレオタイプや個人に対する期待に一致する行為が，形容詞や状態動詞などの抽象度の高い表現によって記述されるのは，一時的な行為を行為者の内的で安定的な特性として一般化しようとする認知が働くためである．これに対して，期待に一致しない行為を観察した場合に，一時的な行為として言及するのは，その行為を既存の期待から切り離すことにより，既存の期待の変容を避けようとする認知が働くためである．なお，集団間の対立が明確な状況において，内集団（自分が属す集団）の望ましい行為と外集団の望ましくない行為が抽象的に記述され，内集団の望ましくない行為と外集団の望ましい行為が具体的に記述される現象は「言語集団間バイアス（linguistic intergroup bias）」と呼ばれている（Maass et al., 1989）．これは，言語期待バイアスの一種として位置づけられ，内集団の肯定的なアイデンティティを維持するという動機に基づいて生じる現象であると考えられる．

表 1.2 言語カテゴリモデル（Semin and Fiedler, 1988 を改変）

抽象度	カテゴリ	例	分類基準
高	形容詞 (adjective: ADJ)	優しい	個人の特性を示し，行為の対象や状況，文脈に関する言及を必要としない．解釈の可能性が最も高い．
やや高	状態動詞 (state verb: SV)	思いやる	主に行為者の心的，感情的な状態を示すもの．行動の始めと終わりが明確でない．
やや低	解釈的行為動詞 (interpretive action verb: IAV)	助ける	単一の行動であるが，解釈を含むもの．肯定的・否定的な評価的区別を伴うことが多い．
低	記述的行為動詞 (descriptive action verb: DAV)	席を立つ	単一の行動で，行動の物理的な特徴を表現するもの．行動の始めと終わりが明確である．肯定的・否定的の評価的な区別がない．

第2部　今後の展望

第4節
社会的認知から社会的状況的認知へ

　社会的認知研究では，伝統的に，人や社会に関する個人内の表象のことを認知と呼び，それらを抽象的で，不変的で，状況的な要因の影響を受けにくいものであると考えてきた (Semin and Smith, 2013)．しかし，スミスとシェミン (Semin and Smith, 2013；Smith and Semin, 2004, 2007) は，社会的認知を，適応的な行動のために存在し，個人の脳内だけでなく身体にも表象され，状況の影響を受けやすく，個人内だけでなく個人間でも共有される社会的状況的認知 (socially situated cognition) として捉えるべきであると主張している．彼らの主張の一部を支えているのが，本章で紹介してきたような言語コミュニケーションに関する研究知見である．例えば，ヒギンズとロールズ (Higgins and Rholes, 1978) の研究では，情報の送り手が，情報の受け手のターゲットに対する態度に合わせてターゲットの印象を伝えるという，受け手への同調が確認された（第3節参照）．情報の送り手は，情報の受け手の態度に合わせた情報を伝達するよう実験者から指示されていたわけではないことを踏まえると，受け手への同調は，情報の送り手が暗黙のうちに受け手の態度を考慮して，ターゲットの情報を処理していることを示唆している．また，嘉志摩の研究グループが示しているように (Clark and Kashima, 2007；Kashima, 2000；Lyons and Kashima, 2003)，ステレオタイプに一致する情報と不一致な情報のどちらが多く伝達に用いられるかが，状況によって変化するという現象も，情報の送り手が，コミュニケーション場面において，情報の受け手が持っている知識や，送り手と受け手の関係性など，様々な要因を暗黙のうちに考慮しているために生じていると考えられる．マースら (Maass et al., 1995) が示した言語期待バイアスも，ターゲットに関する情報が与えられるタイミングや，伝達目標などに応じて，その程度が変化することが明らかになっている (Wenneker and Wigboldus, 2008)．これらの研究結果は，ステレオタイプのような社会的な表象が，不変的で状況の影響を受けないものではなく，むしろ，状況の影響を多分に受けて，変化しやすいものであるということを意味している．

社会的認知を社会的状況的認知として捉えようとする視座は，近年，社会心理学だけではなく，心理学界全体で注目されている再現性危機の問題について考える上でも有用である．再現性危機とは，心理学の研究による発見の再現性が必ずしも高くないという問題のことである（平石・中村, 2022）．この問題は，2011 年に社会心理学のトップジャーナルである *Journal of Personality and Social Psychology* に，人間には未来予知能力があるという研究結果を記した論文（Bem, 2011）が掲載されたことに端を発する．この件をきっかけとして，研究手続きの見直しや，査読基準の見直しなどの様々な取り組みが世界中で始まった．

研究結果の頑健性を確かめる最も単純な方法の 1 つは，追試である．しかし，追試を実施するといっても，完璧な追試を実現することはほぼ不可能である．社会的認知が，状況の影響を受けやすいものであると考えると，実験を実施する場所や，実験者が違えば，異なる研究結果が得られる可能性が高くなる．また，言語を使って実験者が参加者に教示をする限り，実験に用いられる言葉遣いが少し変わっただけでも，参加者の反応に影響する可能性が十分に考えられる．例えば，言語によるプライミングが対人認知に限らず，様々な認知や行動に影響を及ぼすことが知られているが，「プライミング（効果）（priming (effect)）」に関する研究結果は一貫しないことが多い（池田・平石, 2016）．プライミング効果に関する研究結果が再現されにくい原因の 1 つは，プライミングにどのような言語刺激が用いられるかによって，効果が変動しやすいためである可能性がある（Weingarten et al., 2016）．

心理学の調査や実験では，参加者に対して主に言語を用いて質問をし，それに対する反応を測定することが多いが，質問に用いる言語表現の種類によって，回答が一定の規則性を持って変化することを示す研究結果がある．シェミンら（Semin et al., 1995）は，第 2 節で取り上げた対人動詞のうち，どの動詞を質問文に用いるかによって，回答に変化が生じることを実験によって明らかにした．具体的には，"Why do you read *New York Times*?" のように，行為動詞（例: read）を用いて質問すると，"Because I ..." のように，回答者自身に焦点を当てた説明の割合が増える一方，"Why do you like *New York Times*?" のように状態動詞（例: like）で質問すると，"Because *New York Times* ..." のように，

質問文の目的語に置かれた物や人に焦点を当てた説明の割合が増えるという．このほかにも，目撃証言に関する研究として，英語での質問文に用いる冠詞の種類（例：a, the）によって，回答者が "I don't know." と答える割合が変化することを示した研究（Loftus and Zanni, 1975）や，車同士が衝突した際の時速を記憶再生する際，質問文中の動詞の表現（例：contacted, hit, bumped, collided, smashed）によって，再生される時速が変化することを示した研究（Loftus and Palmer, 1974）などもある．

　調査や実験という状況自体が，研究者と参加者とのコミュニケーション場面であるといえるため，参加者の反応を変化させるのは，実験の刺激や質問文中の言語表現に限らない．ノレンザヤンとシュワルツ（Norenzayan and Schwarz, 1999）は，質問紙のレターヘッドに印刷する調査主体の名称を "Institute of Personality Research" とするか "Institute of Social Research" とするかで，回答者の原因帰属の傾向が変化することを実験によって明らかにした．この実験では，参加者に対し，ある殺人事件に関する新聞記事を提示し，事件の原因の所在が犯人の特性的な要因（内的要因），状況的な要因（外的要因），それ以外の要因にそれぞれどの程度帰属されるかを尋ねた．その結果，レターヘッドに "Institute of Personality Research" と印刷した条件よりも，"Institute of Social Research" と印刷した条件において，特性的な要因よりも，状況的な要因への帰属が顕著になることが明らかになった．すなわち参加者は，質問紙のレターヘッドに印刷された調査主体の名称から，調査主体が，何について知りたいと思っているのかを暗黙のうちに読み取り，それに合わせて調査の刺激を読み，質問に回答しているといえる．これは，参加者がグライス（Grice, 1975）の4つの「会話の格率（maxims of conversation；会話の公理あるいは公準ともいう）」[1]のうち，関連性の格率に従っているためであると考えられる．

　これらの研究が示しているように，研究に用いる言語表現がほんのわずかに変化するだけで，参加者の反応が変わってしまう可能性がある．そのため，研究者はある実験をできる限り忠実に再現し，追試しているつもりであっても，

---

1)　「会話の公理」とは，会話が適切になされるために必要な基本条件であり，「量の公理＝過不足なく言う」「質の公理＝正しくないことを言わない」「関連性の公理＝関連のあることを言う」「様態の公理＝明確かつ簡潔に言う」の4つからなる．

教示文や質問文といった研究の本質に関わる部分だけでなく，研究を実施している主体のようなやや周辺的な部分に関してでさえも，その記述に用いる言語表現が少し変化するだけで，元の研究結果を再現できない可能性は十分に考え得る．できる限り忠実に追試を行うためには，元の実験で用いられた実験刺激や教示文について，詳細に知る必要がある．社会心理学の学術雑誌に掲載される論文では，紙幅の関係上，実験手続きのすべてが記述されることはなく，そのために，追試を行う際も厳密に手続きを再現することが困難であることが多かった．しかし再現性危機の問題が生じてからは，オープンマテリアルを通じて，手続きの詳細を知ることができる機会が増えてきた．オープンマテリアルとは，質問項目や実験に用いたプログラムなど，実験の手続きに必要な材料（マテリアル）を公開することである．オープンマテリアルという仕組みがあることで，忠実な追試が可能になるだけではなく，論文を出版する前に手続きの詳細を公開する事前登録という制度との組み合わせによって，研究の不正を防ぐことも可能になる（平石・中村，2022）．

　オープンマテリアルという手続き的な方法だけでなく，本節の冒頭で触れたとおり，認知を社会的状況的認知として捉え直すことによっても，再現性危機を打破することができる可能性がある．本節では，言語表現のわずかな違いが認知に影響を及ぼすことを示した研究や，認知過程が一定の規則性を持って言語表現に反映されることを示した研究を概説してきた．これらの研究は，参加者自身も気づかない様々な状況的要因が，認知に影響することを示唆している．研究者が，社会的認知を社会的状況的認知として捉えることができれば，質問文や教示文に用いる言語表現をはじめとして，実験の手続きの細部により注意を払って実験を計画していくことができるようになると予想される．あるいは，様々なバリエーションの質問文や教示文を用意して，網羅的に状況要因の影響を検証していくという方法も考えられる．しかし，このような言語の影響の重要性や，社会的認知を社会的状況的認知として捉え直すという視座は，心理学者の間で広く認識されているとは言い難い．本節で紹介してきたような研究の成果を積極的に発信し，心理学者のみならず，これから心理学を学んでいこうとする人々に対しても広く共有していくことにより，再現性危機の問題解決に寄与していくことができるかもしれない．

推薦図書

社会心理学という学問領域の全体像を知るためには，『社会心理学概論』（北村・内田，2016）や，『社会心理学 補訂版』（池田ほか，2019）などが参考になる．社会心理学において言語・非言語コミュニケーションに関するどのような研究が行われてきたのかを幅広く概説している書籍としては，『ことばのコミュニケーション―対人関係のレトリック』（岡本，2007）や，『コミュニケーションの社会心理学―伝える，関わる，動かす』（岡本，2023）が挙げられる．言語学における重要な理論やモデルに基づいて行われた社会心理学の研究を概説しているのが，『ことばの社会心理学 第4版』（岡本，2004）であり，言語学と社会心理学の学際的な研究の実施を目指す者にとっては必読の一冊である．

文 献

Bem, D. J. (2011) Feeling the future: Experimental evidence for anomalous retroactive influences on cognition and affect. *Journal of Personality and Social Psychology* **100**: 407-425.

Biernat, M. (2012) Stereotypes and Shifting Standards: Forming, Communicating, and Translating Person Impressions. In P. Devine and A. Plant (eds.) *Advances in Experimental Social Psychology, Vol. 45*, pp. 1-59, Academic Press.

Brown, R. and Fish, D. (1983) The psychological causality implicit in language. *Cognition* **14**: 237-273.

Carnaghi, A. et al. (2008) Nomina sunt omina: On the inductive potential of nouns and adjectives in person perception. *Journal of Personality and Social Psychology* **94**: 839-859.

Clark, A. E. and Kashima, Y. (2007) Stereotypes help people connect with others in the community: A situated functional analysis of the stereotype consistency bias in communication. *Journal of Personality and Social Psychology* **93**: 1028-1039.

Collins, E. C. et al. (2009) Stereotypes in the communication and translation of person impressions. *Journal of Experimental Social Psychology* **45**: 368-374.

Echterhoff, G. et al. (2005) Audience-tuning effects on memory: The role of shared reality. *Journal of Personality and Social Psychology* **89**: 257-276.

Echterhoff, G. et al. (2008) How communication goals determine when audience tuning biases memory. *Journal of Experimental Psychology: General* **137**: 3-21.

Echterhoff, G. et al. (2017) Shared reality in intergroup communication: Increasing the epistemic authority of an out-group audience. *Journal of Experimental Psychology: General* **146**: 806-825.

Fausey, C. M. and Boroditsky, L. (2010) Subtle linguistic cues influence perceived blame and financial liability. *Psychonomic Bulletin and Review* **17**: 644-650.

Fausey, C. M. et al. (2010) Constructing agency: The role of language. *Frontiers in Psychology* **1**: 162.

Gilbert, D. T. et al. (eds.) (1998) *The Handbook of Social Psychology*, 4th edition, McGraw-Hill.

Grice, H. P. (1975) Logic and Conversation. In P. Cole and J. L. Morgan (eds.) *Syntax and*

Semantics, Vol. 3: Speech Acts, pp. 41-58, Academic Press.

Hamilton, D. L. and Trolier, T. K. (1986) Stereotypes and Stereotyping: An Overview of the Cognitive Approach. In J. F. Dovidio and S. L. Gaertner (eds.) *Prejudice, Discrimination, and Racism*, pp. 127-163, Academic Press.

Hardin, C. D. and Conley, T. D. (2001) A Relational Approach to Cognition: Shared Experience and Relationship Affirmation in Social Cognition. In G. B. Moskowitz (ed.) *Cognitive Social Psychology: The Princeton Symposium on the Legacy and Future of Social Cognition*, pp. 3-17, Lawrence Erlbaum Associates.

Heider, F. (1958) *The Psychology of Interpersonal Relations*, Wiley.〔大橋正夫（訳）(1978)『対人関係の心理学』誠信書房.〕

Higgins, E. T. (1992) Achieving "shared reality" in the communication game: A social action that creates meaning. *Journal of Language and Social Psychology* **11**: 107-131.

Higgins, E. T. (2019) *Shared Reality: What Makes Us Strong and Tears Us Apart*, Oxford University Press.

Higgins, E. T. and Rholes, W. S. (1978) "Saying is believing": Effects of message modification on memory and liking for the person described. *Journal of Experimental Social Psychology* **14**: 363-378.

Higgins, E. T. et al. (1977) Category accessibility and impression formation. *Journal of Experimental Social Psychology* **13**: 141-154.

Higgins, E. T. et al. (2021) Shared reality: From sharing-is-believing to merging minds. *Current Directions in Psychological Science* **30**: 103-110.

平石　界・中村大輝 (2022)「心理学における再現性危機の 10 年」『科学哲学』**54**：27-50.

池田謙一ほか (2019)『社会心理学　補訂版』有斐閣.

池田功毅・平石　界 (2016)「心理学における再現可能性危機―問題の構造と解決策」『心理学評論』**59**：3-14.

石井敬子・菅さやか (2016)「コミュニケーション」北村英哉・内田由紀子（編）『社会心理学概論』pp. 171-187，ナカニシヤ出版.

唐沢かおり (2020)「社会的認知とは」唐沢かおり（編）『社会的認知―現状と展望』pp. 1-17，ナカニシヤ出版.

唐沢　穣 (2007)「対人関係と述語」岡本真一郎（編）『ことばのコミュニケーション―対人関係のレトリック』pp. 2-15，ナカニシヤ出版.

Karasawa, M. and Yoshinari, Y. (2023) *You broke it or it broke?: A cross-linguistic analysis of verb transitivity in causal explanations*. Unpublished manuscript.

Kashima, Y. (2000) Maintaining cultural stereotypes in the serial reproduction of narratives. *Personality and Social Psychology Bulletin* **26**: 594-604.

Kashima, Y. et al. (2007) Grounding: Sharing Information in Social Interaction. In K. Fiedler (ed.) *Social Communication*, pp. 27-77, Psychology Press.

Kelley, H. H. (1950) The warm-cold variable in first impressions of persons. *Journal of Personality* **18**: 431-439.

北村英哉・内田由紀子（編）(2016)『社会心理学概論』ナカニシヤ出版.

Lindzey, G. (ed.) (1954) *Handbook of Social Psychology*, Addison-Wesley.

Loftus, E. F. and Palmer, J. C. (1974) Reconstruction of automobile destruction: An example of the interaction between language and memory. *Journal of Verbal Learning & Verbal Behavior* **13**: 585-589.

Loftus, E. F. and Zanni, G. (1975) Eyewitness testimony: The influence of the wording of a question. *Bulletin of the Psychonomic Society* **5**: 86-88.

Lyons, A. and Kashima, Y. (2003) How are stereotypes maintained through communication? The influence of stereotype sharedness. *Journal of Personality and Social Psychology* **85**: 989-1005.

Maass, A. et al. (1989) Language use in intergroup contexts: The linguistic intergroup bias. *Journal of Personality and Social Psychology* **57**: 981-993.

Maass, A. et al. (1995) Linguistic intergroup bias: Differential expectancies or in-group protection? *Journal of Personality and Social Psychology* **68**: 116-126.

Malle, B. F. (2001) Folk Explanations of Intentional Action. In B. F. Malle et al. (eds.) *Intentions and Intentionality: Foundations of Social Cognition*, pp. 265-286, MIT Press.

Malle, B. F. (2004) *How the Mind Explains Behavior: Folk Explanations, Meaning, and Social Interaction*, MIT Press.

Malle, B. F. (2014) F.Ex: A coding scheme for folk explanations of behavior (version 4.5.7). http://research.clps.brown.edu/SocCogSci/Coding/Fex%204.5.7%20(2014).pdf（最終アクセス日：2024/3/18）

Malle, B. F. and Knobe, J. (1997) The folk concept of intentionality. *Journal of Experimental Social Psychology* **33**: 101-121.

Norenzayan, A. and Schwarz, N. (1999) Telling what they want to know: Participants tailor causal attributions to researchers' interests. *European Journal of Social Psychology* **29**: 1011-1020.

岡　隆（2001）「社会心理学から見た言語と認知研究の概観と今後」辻　幸夫（編）『ことばの認知科学事典』pp. 427-437，大修館書店.

岡本真一郎（2004）『ことばの社会心理学 第4版』ナカニシヤ出版.

岡本真一郎（編）(2007)『ことばのコミュニケーション―対人関係のレトリック』ナカニシヤ出版.

岡本真一郎（編）(2023)『コミュニケーションの社会心理学―伝える，関わる，動かす』ナカニシヤ出版.

Semin, G. R. and Fiedler, K. (1988) The cognitive functions of linguistic categories in describing persons: Social cognition and language. *Journal of Personality and Social Psychology* **54**: 558-568.

Semin, G. R. and Smith, E. R. (2013) Socially situated cognition in perspective. *Social Cognition* **31**: 125-146.

Semin, G. R. et al. (1995) The answer is in the question: The effect of verb causality on locus of explanation. *Personality and Social Psychology Bulletin* **21**: 834-841.

Smith, E. R. and Semin, G. R. (2004) Socially Situated Cognition: Cognition in Its Social Context. In M. P. Zanna (ed.) *Advances in Experimental Social Psychology, Vol. 36*, pp. 53-117, Elsevier Academic Press.

Smith, E. R. and Semin, G. R. (2007) Situated social cognition. *Current Directions in Psychological Science* **16**: 132-135.

菅さやか (2018)「社会的認知領域における言語コミュニケーション研究の概観と今後の展望」『哲学』**140**：73-111.

菅さやか (2023)「対人認知と言語コミュニケーション」岡本真一郎（編）『コミュニケーションの社会心理学—伝える，関わる，動かす』pp. 67-82，ナカニシヤ出版.

菅さやかほか（2011)「言語の使用が責任の知覚と推論に及ぼす影響」『日本社会心理学会第52回大会発表論文集』p. 35.

寺前　桜・唐沢　穣（2008)「集団の行為に対する意図性認知—自由記述による説明内容の分析」『人間環境学研究』**6**(2)：35-41.

Weingarten, E. et al. (2016) On priming action: Conclusions from a meta-analysis of the behavioral effects of incidentally-presented words. *Current Opinion in Psychology* **12**: 53-57.

Wenneker, C. and Wigboldus, D. H. J. (2008) A Model of Biased Language Use. In Y. Kashima et al. (eds.) *Stereotype Dynamics: Language-based Approaches to the Formation, Maintenance, and Transformation of Stereotypes*, pp. 165-188, Lawrence Erlbaum Associates.

Whorf, B. L. (1956) *Language, Thought, and Reality: Selected Writings of Benjamin Lee Whorf*, MIT Press.［池上嘉彦（訳）(1993)『言語・思考・現実』講談社学術文庫.]

Wigboldus, D. H. J. et al. (2000) How do we communicate stereotypes? Linguistic bases and inferential consequences. *Journal of Personality and Social Psychology* **78**: 5-18.

山本眞理子・原奈津子（2006)『他者を知る—対人認知の心理学』（セレクション心理学6)サイエンス社.

第2章　　　　　　　　　　　　　　　　　　　　　　　　　　多々良直弘

オンラインのことば

◆ キーワード
オンライン，インターネット，CMC，SNS，打ちことば，インターネットミーム，ウェブ会議システム

　　オンライン上のことばは創造性に満ち溢れており，日々新しい言語表現や言語規則や言語規範が生まれている．技術的，環境的な制約がある中，人々は限られたコミュニケーションの資源を有効に活用し，豊かで創造的なコミュニケーションを主体的に行っている．Crystal (2019) は netspeak という用語を用いてインターネット上で生まれた新しい言語表現やネットジャーゴンについて説明をしているが，オンライン上での言語現象は多くの研究者に注目され，実に様々な研究が行われている．本章ではオンライン上の言語現象，LINE などの SNS メディアを介したことば，Zoom などのウェブ会議システムを用いた遠隔コミュニケーションにおける言語行動の諸相について，その特徴や他のコミュニケーション媒体との関係，心理・社会的側面，対面コミュニケーションとの関係を様々なデータに言及しつつ議論していく．

|||||||||||||||||||||||||||||| **第1部　現在までの流れ** ||||||||||||||||||||||||||||||

第1節
オンラインのことば

　　インターネット社会は私たちの予想をはるかに超える速度で変化している．唐須 (2008：viii) は「新しいテクノロジーは新しい形態のコミュニケーション活動を生み出す」と述べているが，社会の変化に伴い，様々なコミュニケーションツールが生まれ，それに伴い新たなコミュニケーション活動が生まれている．三宅 (2005a，2005b) や井上 (2006)，八木橋 (2008) などは 2000 年代初頭の携帯電話やインターネット上での言語行動を分析した研究であるが，当時とは異なるコミュニケーション方法がオンライン上でとられるようになり，新たな言語使用の規範や規則が日々生まれ続けている．現在のオンラインコミュニケーションの傾向は，文字によるコミュニケーションのみならず，ビデオやライブストリーミングなど，より視覚的な媒体に移行しており，仮想現

実や拡張現実，人工知能を駆使したチャットボットの利用も増えている．さらに，遠隔授業やテレワークなど多様な教育方法や働き方が広まり，遠隔地をつなぐコミュニケーションや情報共有の効率化が進むにつれ，教育機関や企業において様々なコラボレーションツールが導入されるようになった．音声ベースのコミュニケーションや，Skype，Zoom，Webex，Microsoft Teams などのコラボレーション・コミュニケーション・ツールの普及も進んでいる．本章ではオンライン上のコミュニケーションで使用される言語表現の創造性，「打ちことば」によるコミュニケーションの特徴，そして Skype や Zoom などのウェブ会議システムを介したコミュニケーションの特徴を中心に考察していく．

第2節
オンラインコミュニケーションに見る他者との関係性の構築

(a) CMC における新しい言語使用と言語規範

インターネットが私たちの生活を支配するようになり，情報収集の最初の手段としてインターネットが使われ，さらに電子メール，インスタントメッセージ，チャットのみならず，LINE や X（旧 Twitter），Instagram などの SNS が従来の通信手段に取って代わったといってもよいだろう．このような通信環境の変化により私たちの日常生活において書くこと，もしくは打つことが今まで以上に日常となったといえる．Crystal（2019）はインターネット上で頻繁に使用される略語や絵文字などを netspeak と呼び，その特徴を説明している．Crystal（2019）は，インターネットが言語の多様性と創造性の飛躍的な拡大を促していると述べ，電子メール，チャット，SNS などのインターネット上での言語行動が，私たちの日常生活における言語の使い方をいかに変化させているかを指摘している．

CMC とは computer-mediated communication の略であり，コンピュータ（PC）やタブレット，その他のモバイル機器を介した対人コミュニケーションと定義できる．CMC は同時コミュニケーションと非同時コミュニケーションの2つに分けられるが，一対一型，一対多数型，多数対多数型のコミュニケーションがある．このようなネットワークにつながった端末を通じて人間がやりとりをする際に生まれるコミュニケーションのことは computer-mediated discourse（CMD）と呼ばれる（Herring, 2001）．またこのような CMD を分析す

る言語学の一分野をCMDA（computer-mediated discourse analysis）と呼ぶ（CMDAの詳細についてはHerring（2007）などを参照）.

コミュニケーション手段の拡張は，コミュニケーションスタイルそのものに様々な影響を与えている．Varnhagen et al.（2009）が述べているように，インスタントメッセージ，テキストメッセージ，チャット，その他の電子コミュニケーションにおける文字コミュニケーションでは，略語，頭字語，単語の組み合わせ，従来とは異なる句読点の使用方法など，新しい言語使用やコミュニケーションの方法が生まれてきている．図2.1はVarnhagen et al.（2009）が掲載しているWindows Live Messengerのスクリーンショットである．この画像でもgirlがgurlになり，whatがwat?になるなど従来の書きことばとは異なる綴りでやりとりが行われていることが分かる．またhe'sがhesとなるようなアポストロフィの削除，bf（boyfriend）やlol（laugh out loud）などの

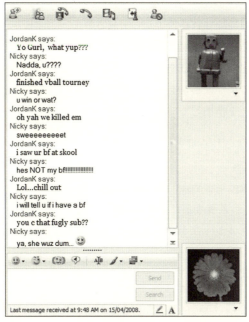

図2.1 Windows Live Messengerのスクリーンショット
(Varnhagen et al., 2009)

頭字語，u（you）や c（see）といったアルファベットの代用などの表現も多用されている．このように話しことばよりも遅く，打ち間違いが起こりやすいテクストによるコミュニケーションの弱点を補完し，円滑に進める方法が参与者間で生み出されているのである．

このようにインターネット上では従来使用されることのなかった様々なネットジャーゴンが日々生まれている．ネットジャーゴンはハッカー文化から生まれた頭字語（THX（thanks）や FYI（for your information）など）が一般のネット利用者に広がっていったとされる．頭字語や略語のほかにも，ピクトグラム，エモティコン，態度や感情などを文字で表す表語文字の使用や，パラ言語的要素を表すための音の延伸やポーズ（間），強弱などを表すダッシュや波線，促音などの表音文字の使用など，実に様々な言語表現や非言語表現がインターネットの世界で生まれてきた．

このようなオンライン上でのことばには書きことばでありながら話しことば的な特徴が多分に含まれ，両者の境界が曖昧になっているということができる．そのため従来の規範的な言語使用から解放されて，言語使用者たちは様々な言語資源を自由に，主体的に，そして創造的に使っていることが観察される．例えば，堀内・土屋（2023）はオンライン上で観察される非標準的な句読法を分析し，以下にあるようにインターネット上で従来の規範から逸脱した表現が創発されていることを指摘している[1]．

(1) カニは食べられるけど、剝いてまで食べたくないのでカニ缶で十分、なタイプです．

(2) ただ、効果はてきめん、な気がしました．

(3) さー、今年は教養委員だから、バザーで焼きソバ焼くぞー、な感じです．

(4) そもそもエルレって何よ、なレベルなのでパクリとかコピーとか正直どうでもいい．

(5) ゴスペル歌ったら右に出るものナシ、な強者．

これらの事例では［X、な N（名詞）］という形式が使用されているが，本

---

1) 堀内・土屋（2023）に従い，［X、な N］の形式の表現を含む場合は読点を用いる．

来読点が挿入されない形態的にまとまった「十分な」や「てきめんな」などの間に読点が挿入されている点で本来の規範を逸脱しているということができる．初めてこのような表現を目の当たりにしたときは，「こんな読点の使い方初めて見たよ！、な感じ」になり，言語変化の面白さを感じる．

　［X、な N］の形式が使用されている事例を見ると，X の部分に発話構造の節や体言止めの節が入ることが典型的な形である．一方従来の［X な N］の形は，例えば「綺麗な人」のように形容動詞語幹が置かれる事例が最も一般的であるが，X の部分に発話構造の節や体言止めの節が生起することは一般的ではない．堀内・土屋（2023：252）は［X、な N］の X に入る部分は発話性を帯びる傾向が強く，「論理的・客観的な情報伝達より，感覚をみずみずしく伝えて共感を誘ったり，インパクトを残したりすることが重視される」ことから生まれたのだろうと指摘している．また，この［X、な N］は，「論理的・客観的な書きことばや会話のモードでは活性化されない構文であり，「打ちことば」や，カジュアルな書きことば（エッセイ等）のモードでのみ活性化される」と述べている．

　感情や臨場性，感覚的な要素をオンライン上で表現し，他者の共感を誘うために，従来の書きことばに話しことば的な要素を効果的に使用することで新しい言語規範が生まれるのである．言い換えれば，書きことばでは十分に表現できない要素を補完するために話しことばの特徴を柔軟に利用して情報発信をすることで，オンラインで情報発信をする人たちの間で新しい言語規範が生まれたということができるだろう．

（b）インターネットミームと集団意識

　インターネットミーム（internet meme）はインターネット文化の一部として注目されている．インターネットミームとは「インターネットを通じて，人から人へと広がっていく文化，行動，コンセプト」のことを指し，「少しずつ改変されながら，コピーされてオンライン上に広まったユーモラスな画像や動画を示す」と McCulloch（2019：318）は定義している．このインターネットミームは単なる人気のある画像や動画，それに伴う言語表現ではなく，「作り直しや組み換えを経ながら広がっていくインターネット文化の原子」であるということができる（McCulloch, 2019：319）．

第 2 章　オンラインのことば

インターネットミームの代表事例として挙げられるのが，宇宙を背景とした猫の画像を掲載したスペースキャット（宇宙猫）や lolcat（ロルキャット，面白猫）である．McCulloch (2019) によると lolcat は 2005 年に "Caturday（猫の土曜日）" と称して，匿名掲示板 "4chan" で生まれた，様々な表情の猫の画像に文字を重ね合わせたものである．この lolcat では lolspeak（ロルキャット語）という間違った綴りや文法的に正しくない表現，社会言語学の変種理論などで指摘されてきた非標準的な地域変種などを模した独特な言語表現（インターネットスラング）が使用されている．(6) と (7) では cheeseburger が cheezburger と綴られていたり，助動詞 can の直後に原形の have ではなく has が使用されていたり，一人称の I の直後の be 動詞に am ではなく are が使用されていたりと，非標準的な英語変種や文法的に不適切とされる表現が，猫の画像とともに効果的に使用されている（図 2.2）．これらの文字はすべて大文字で，黒で縁取られた白文字で表記されることが多いとされる．

(6) I CAN HAS CHEEZBURGER?
(7) I are serious cat. This is serious thread.

図 2.2　Lolcat の画像（Know Your Meme（https://knowyourmeme.com/memes/happy-cat））

また Spreadbury (2022) はインターネットミームにおいて広く使用されている英語の構文として，(8) や (9) にある [〈命令文〉they said. 〈評価〉they said] 構文に注目し分析を行っている．

(8) Go on the cable car they said, it will be fun they said. Yeah right. Never. Again. I could have died.

(9) Do the laundry they said. It will be fun, they said.

(8) は「ケーブルカーに乗ってみなって，楽しいよって彼らにいわれたよ」という意味，(9) は「洗濯をしてみなって，楽しいよって彼らにいわれたよ」という意味であるが，この［〈命令文〉they said.〈評価〉they said］構文はケーブルカーに乗ることや洗濯をすることが楽しいという第三者の評価に対して，皮肉な否定的評価，つまり実際には楽しくなかったことを表現しているのである．この構文は形式が決まっており，使用方法も分かりやすく，汎用性もあるので，インターネットミームとして図2.3のように様々な人々に使用され，伝搬されていることを Spreadbury (2022) は指摘している．

インターネットの世界は現実世界と同じくコミュニティ感覚が存在する社会である．八木橋 (2008) では「2ちゃんねる（現5ちゃんねる）」やインターネット上の掲示板などにおける言語行動の特徴が取り上げられているが，そこでは敬語や丁寧語を使用することが禁止されており，命令形などを使用することが規則となっていることは広く知られている．特にインターネット上では適切な言語形式を使用できない場合は厳しい評価を下され，そのような言語行動や言語規範を理解していない投稿者はそのやりとりから排除されてしまうなどの厳しい対応がとられる．インターネットミームの使用者たちもインターネット上でロルキャット語やその他の言語規範に従いながら言語行動をすることによって，自身がそのコミュニティに属していることを確認するのである．

図 2.3 "Do the laundry they said. It will be fun, they said." のミーム画像（Know Your Meme (https://knowyourmeme.com/memes/it-will-be-fun-they-said)）

McCulloch（2019：326）も「ミームの魅力とは，自分が部内者たちのコミュニティに属しているという感覚にこそある」と述べているが，これは社会言語学の分野で広く議論されている言語とアイデンティティの問題や言語と集団への所属意識の問題である．人間は同じ変種やジャーゴンを使用することで自分たちが同じコミュニティに属しているという認識を持つことができ，そのような言語表現が使用者たちの間で連帯や帰属意識を高めることにつながるのである．またその一方，その言語表現を使用できない人や理解できない人をそのコミュニティから排除する力が言語にはあるのだ．人間は対面環境においてもオンライン環境においても，ことばを介して他者との関係性を構築し，自分たちの仲間意識や所属意識を確認しながら社会活動を行っているということができるだろう．

第3節
オンライン上の「打ちことば」とコミュニケーション

（a）打ちことばの基本的特徴

　第2節でも考察したとおり，インターネットやEメール，SNSなどの普及により，話しことばを用いて書かれる割合が増加しており，話しことばと書きことばの境界が曖昧になってきている．CMCで使用される言語は文字を使用するため書きことば的な特徴を有しているが，従来の書きことばよりも話しことば的な特徴があり，近年では「打ちことば」と呼ばれることが多い．文化審議会国語分科会（2018：4-5）は打ちことばについて以下のように述べている．

　　　　電子メールやSNS……などのテキストのやり取りは，文字に表すと言う点では書き言葉に入る．しかし，互いのやり取りが比較的短い時間で行われ，一回のやり取りで交わされる情報量も少ない媒体においては，話し言葉に近いものも多く用いられる．こうした，話し言葉の要素を多く含む新しい書き言葉を，本報告では「打ち言葉」と呼ぶ．「打ち言葉」は，主にインターネットを介しキーを打つなどして伝え合う，かつてはなかった新しいコミュニケーションの形である．

　田中（2014：37）はこの話すように打つ「打ちことば」を「PCメイル・携帯メイル・ブログ・ミニブログ・SNS（Social Networking Service）のようなインターネットを介したコミュニケーションにおいて，キーボードなどを「打

つ」ことによって視覚化されたことば」と定義している.

　対面コミュニケーションでは言語表現に抑揚や音調，声の高さや大きさなどのパラ言語的要素や，身振りや視線，表情などの非言語的要素があり，意味のやりとりに大きな影響を与える．つまり，これらのシグナルが話者の感情や態度を副次的に示すための重要なコミュニケーションの資源となっているのである．CMC における打ちことばでは音声言語を使用するわけではないのでパラ言語的要素や非言語的要素による副トラック情報（井上，2005）が得られない．その一方で創造的な文字の使用や絵文字，顔文字，スタンプなどが副トラック情報としてコンテクスト化の合図（Gumperz, 1982）や言語表現に副次的な意味を与えることになる．このような副トラック情報の研究は非常に多く行われている（八木橋，2008；カヴァナ，2012 など）．カヴァナ（2012）は，CMCにおいて多用されているエモティコンや表音語などの創造的に使用されるUMC（unconventional means of communication）が，英語と日本語の CMCにおいてどのように利用されているのかを分析している．日英両言語における顔文字，パラ言語，感嘆符，大文字，略語などの例を挙げて，オンラインでのコミュニケーションにおけるその機能を分析している.

(b)「打ちことば」による SNS 上のやりとりの特徴と談話構造

　三宅（2019a, 2019b）ではモバイルメディアにおける配慮について考察をし，LINE 上で行われる依頼の談話的特徴を分析している．依頼という言語行動の研究は発話行為論や語用論の分野，そして日本語教育の分野などで行われてきた（山梨，1986；中道・土井，1995；生天目ほか，2012 など参照）．このような研究の流れの中，三宅（2019a）では LINE におけるコミュニケーションの基本的な特徴を考察した上で，LINE トークの談話的特徴を対面コミュニケーションや携帯メールと対照させ，談話の構造，やりとりの開始部と終結部，そしてジェンダー表象に焦点を当て議論をしている.

　三宅（2019b）は配慮の観点から LINE という SNS において日本語の依頼という行為の談話がどのように展開をしているのか分析し，様々な対人配慮表現に加え，スタンプや絵文字，顔文字などの視覚的要素の配置などアプリが提供する機能が配慮行動の資源になることを指摘している．この三宅の研究では21 ～ 23 歳の若者 25 名を対象に LINE を使用してアンケート調査を依頼する

ロールプレイを行い,依頼の談話の特徴を分析した.日本語の対面コミュニケーションでは水谷（1985）が指摘しているような参与者同士が共同で会話を構築する共話的な特徴が見られるといわれるが，LINE での依頼行為は特徴が異なることを三宅（2019b）は指摘している．三宅の分析では LINE を使用した依頼のパタンは「一気依頼型」「小分け依頼型」「混合依頼型」「やりとり依頼型」の4種類に大きく分かれるという（図2.4）．「一気依頼型」は1つの吹き出しで依頼するパタン,「小分け依頼型」は複数の吹き出しにメッセージは分割されるが相手の反応がある前に一気に依頼するパタンである．その中で日本語の共話的なコミュニケーションの特徴と同じ「やりとり依頼型」は9.5%にとどまり，相手の反応を待つ前に一気に依頼をしてしまう「一気依頼型」と「小分け依頼型」のパタンが全体の66.5%に上ることが分かった．対面コミュニケーションとは異なる形での依頼のパタンが見られる理由として，LINE では相手がどのタイミングでメッセージを見るのか分からず，相手からの返信を待ち,メッセージを分割して送ると,相手に無駄な憶測や心配を抱かしてしまうため,依頼内容を一気に送った方がよいという SNS ならではの相手に対する配慮が観察されると三宅は述べている．

　三宅が指摘しているもう1つの特徴として,「スイッチバック現象」と呼ばれる現象がある（図2.5）．LINE のコミュニケーションでは送信されたメッセージが相手によっていつ確認されるのか分からないため，タイムラグが生じ相手

一気依頼型　　　小分け依頼型　　　混合依頼型　　　やりとり依頼型

図 2.4　LINE における依頼の型（三宅, 2019b：177）

第1部　第4節　ウェブ会議システムを介したオンラインコミュニケーション　　　*31*

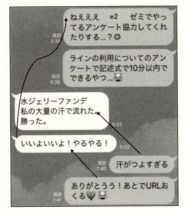

図 2.5　スイッチバック現象（三宅，2019b）

の応答が来る前に自分がメッセージを送信したり，メッセージを打っている途中などに相手からの応答が入ったりすることがある．三宅はこのような「話が時系列通り進まずに，途中まで進んだ話題を一旦止めて相手の反応に対応したり，話題を前に遡ってやり取りする現象，すなわち談話がジグザグを繰り返しながら進む現象」をスイッチバック現象と呼んでいる．タイムラグで起こるコミュニケーションの齟齬に柔軟に対応しながら，やりとりを円滑に進めようとしていることがLINE上で見られる配慮であると指摘している．このように打ちことばによるコミュニケーションでは対面コミュニケーションとは異なる配慮の示し方が観察されることは非常に興味深く，これからも様々なジャンルや発話行為を対象にした研究が期待される．

第4節
ウェブ会議システムを介したオンラインコミュニケーション

　グローバル化が進む現代社会では，ビジネスの世界において国内外に関わらずオンラインでの会議が行われている．テレワークなど多様な働き方が浸透しつつある中，遠隔地をつなぐコミュニケーションや情報共有の効率化に関心が高まっている．情報化時代のビジネスをサポートする仕組みとして，コラボレーションツールを導入している企業も多い．また教育現場においても学校教育のICT化が進み，タブレット端末の使用や電子黒板などを利用した授業に加え，オンデマンド形式で事前にビデオなどで課題学習をした後に授業に取り組むよ

うな反転授業や Zoom や Webex, Microsoft Teams などのウェブ会議システムを利用した遠隔授業が行われるようになった. MOOCs（Massive Open On-line Courses, 大規模公開オンライン講座）のように他国の大学の授業を履修することができるなどオンラインでの留学なども可能になった. 今後も様々な場面においてウェブ会議システムを使用した遠隔地を結ぶコミュニケーションを対象とした分析がさらに増えてくることが予想される. ここでは, Skype や Zoom を利用したオンラインコミュニケーションの研究をいくつか紹介する.

（a）家族間の遠隔地コミュニケーション

砂川（2017）は日本と米国という遠隔地に離れて住む日本人家族同士が Skype ビデオ越しに写真を共有し, 感想を伝え合う際の会話を分析している. 遠隔地間でのオンラインコミュニケーションという技術的特性ゆえに生じる物理的距離や視覚情報の限度などの特性が参与構造にもたらす不均衡を, どのように参与者たちが解消しているのかを, 写真の視覚情報を共有する方法に焦点を当て考察している. 参与構造とは Goffman（1981）が提示した参与者たちが共有しているコミュニケーションを成立させる暗黙知で, 誰が, どのような役割で, どのようにその社会的行為に参加するのか, どのような話題が適切で, 話題はどのように導入されるのかなどに関する枠組みのことである.

砂川はそれまでのインターネットを介したオンラインコミュニケーションの分析は, 対面コミュニケーションと比較し, 遠隔地間会話に足りない（主に技術的な）側面を明らかにし, コミュニケーション上の問題を解決することを試行する研究が多かったことを指摘し, 参与者たちがテクノソーシャルな状況下[2]におけるやりとりの際にどのようにコミュニケーション上の問題を解決しているのかという点が議論されていないと主張している. 砂川は「会話の重心性」という概念を提起し, 参与者がこの重心を調整することで不整合を解消していることを指摘している. Skype（スカイプ）や FaceTime などのビデオ通話（会話）では, 参与者たちが実際に存在するそれぞれの実空間におけるやり

2）テクノソーシャルとは技術と社会的な相互作用や社会実践を組み合わせた概念である. 伊藤・岡部（2006：221）は「テクノソーシャルな状況（technosocial situations）」を携帯電話などの技術的なものと, そのようなテクノロジーを用いる際の「社会的実践（practice）が織りなす「場」」と定義している.

とりと Skype を通じた参与者たちのやりとりの両方が同時に関与していることになる．その際に一方の空間で行われているやりとりにもう一方の別空間にいる参与者を巻き込んだり，その別空間で行われるやりとりに参加したりする行為が繰り返し行われる．その際に参与者たちは言語情報と非言語情報を含んだ様々なコミュニケーションの資源を使用しながら，会話の重心を調整しているのである．つまり参与者たちは会話の進行に合わせてウェブカメラを調整し，写真という視覚情報を共有し，互いの状況を確認し合うことで，自分たちが参加している会話の重心位置を常に確認し合い，遠隔地をつなぐオンラインコミュニケーションを協働的に達成しているのである．

(b) 外国語教育場面におけるオンラインコミュニケーション

　池田（2017）は高等教育機関の外国語教育場面における相互行為を分析している．世界各国から参加している複数参加者の Skype や Zoom 上のオンラインの会話場面を取り上げ，エスノメソドロジーの観点からウェブ会議ツールを用いたやりとりの秩序や，ツール特有の環境条件と参与者たちがそれらをコミュニケーションの資源として活用する様子を分析している．エスノメソドロジーとは，社会学の分野から生まれた，日常の様々な社会生活において人々がやりとりをする方法（エスノメソッド）を分析する研究分野である．

　この論考では情報通信技術が発達した現代社会における Skype と Zoom 上の複数参加者の会話について関与性を示す方法や参与形態のあり方を分析しているが，このようなウェブ会議ツールでは音声言語や非言語的な要素だけでなく，画面共有やチャットを使用したやりとりが行われ，マルチモーダルな特徴を有する．池田はまずウェブ会議ツールが参与者に提示する環境条件について解説し，ウェブ会議を行う際に参与者が使用する PC やタブレット，スマートフォンなどの端末機器,デバイスが生み出す相互行為環境の多様性から生じる，相互行為のための画面を通した視程（visibility）と視線（eye gaze）という環境条件を整理している．その後ウェブ会議ツールを介した相互行為場面を分析しているが，参与者たちがこのような環境条件をコミュニケーションの資源として活用している様を，視線移動による関与性の指標，参加者の聞き手としての関与性の行為を指標する笑い，視程という資源を利用した相互行為への不参加の意志を表示する身体行為に分け，事例をもとに質的に分析している．

例えば，参与者たちが他の参与者から質問をされた際に端末の画面から視線を外したり，視線を下に向けたり，身体をひねったりしながらも，それぞれが会話に参加すべき当事者であるという対応をし，やりとりへの関与性を指標していることが画像とともに示されている．一方で質問を受けた後にポーズ（間）をとる際に身体をそらしたり，画面から距離をあけた姿勢をしたりとやりとりへの不参加の意思を提示することも観察された．また，対面コミュニケーションとの違いも明らかにされていて，例えば対面のやりとりにおいては，参加者たちは発話交代の交渉場面で笑いを資源として利用する際に聞き手は話し手から視線を外すことがよくあることがこれまで様々な研究で指摘されている．しかしオンラインコミュニケーションでは聞き手は端末画面の注視行動を維持したまま笑い，他者の様子だけではなく，それぞれの参加者たちが画面に投影されている自分の行動をモニターしながらやりとりが行われている．このようにオンラインでのやりとりを分析することにより，参与者たちがウェブ会議ツール特有の環境条件をコミュニケーションの資源として有効に活用し，関与性や参与形態のあり方を示していることが明らかになった．

(c) ゼミナールでのオンラインコミュニケーション

石黒（2022）は大学院での授業内の談話をデータとして扱い，対面コミュニケーションに比べ，話し合いへの参加者の積極的関与や社交的なやりとりが失われ，参与者間のコミュニケーションが困難になりやすいといわれるオンラインコミュニケーションについて分析をしている．実際のオンラインでのやりとりを質的に分析することを通じて，参与者たちが積極的に協力し合いながら話者交代を行い，沈黙による気まずさを回避しようとする方略をとりながら，オンライン環境においても豊かなコミュニケーションをとっていることを指摘している．

分析対象のゼミナールに参加しているのは日本人学生，留学生，教員となっている卒業生である．参与者たちはオンラインでのコミュニケーションを円滑で実りのあるものにするために，あいづちを多用したり，発話交代を配慮しながら調整したり，沈黙を回避するために積極的に質問をしたり，「じゃ，画面を共有して」などと画面を操作する自分の行動を描写することで沈黙を避けたり，ミュートにしたまま話していたなど沈黙になってしまった理由を説明した

りするなど，様々な方法でコミュニケーションに積極的に参加していることを表明していることが明らかになった．また共有された仮想空間や，共有画面，ビデオの人物の特徴，聞こえてくる生活音などオンライン上に反映されている参与者の多様な現実に言及することで，参与者たちが積極的に社交的にやりとりを行う姿が観察されたことが指摘されている．オンラインでのコミュニケーションにおけるインターネットの接続トラブルや研究を進めていく上での困難などを参与者たちが社交的に，協力的にやりとりをしていく過程で，互いの信頼関係を醸成していることが観察できると石黒は述べている．オンラインという環境において参与者たちは対面環境とは異なる方法で相手への配慮や話し合いへの積極的な参加を示していることが明らかになったということができる．

一方，池田（2022）は日本の大学にオンラインで留学した日本語学習者たちを取り上げ，留学期間の学びや留学の目的などをインタビュー調査している．日本語学習者たちはオンライン留学の教育成果は評価している一方，人間関係の構築やコミュニティへの参加を困難に感じているという．このような点からもオンラインコミュニケーションにおいて，参与者たちが社交的にやりとりをすることができるコミュニティの構築や参加を促す仕組みを構築していくことが必要であると池田は述べているが，今後は多様な社会的・文化的背景を持つ参与者同士のコミュニケーションをさらに分析する必要があるだろう．社会では様々な文脈（例えば企業の新人研修やセミナーなど）においてオンラインコミュニケーションの難しさが指摘されており，同じ背景や知識を共有している人間関係が比較的近い「親」の間柄のコミュニケーションに加えて，異なる背景を持つ初対面の参与者のやりとりや，上司と部下などの上下関係がある参与者同士のやりとり，母語が異なる参与者間のやりとりなどを扱った研究が必要であるということができるだろう．

第2部　今後の展望

第5節
オンラインの言語研究のこれまでと今後の発展

　1990年代後半よりインターネット接続機能を搭載した携帯電話が普及し，社会生活の中でインターネットを意識せずにインターネットにアクセスし，情

報収集ができるユビキタスなインターネット環境が整い，社会における私たちのコミュニケーションは大きく変化した．2000年代に入ると電子メールだけでなく，米国ではビジネス特化型のSNSであるLinkedInが設立され，日本国内ではMixiが代表的なSNSとして普及した．その後Facebook，X（旧Twitter），Instagram，WeChat，LINEなどが社会の中で急速に普及し，インターネット上でのコミュニケーション方法や人間関係の構築，コミュニティ構築の方法が大きく変化した．IT技術の変化（進化）や新しいアプリやシステムの構築により，人間のコミュニケーション行動は常に変化し続けているが，Crystal（2006）も述べているように，インターネットは言語の多様性と創造性を拡張してくれる存在であり，研究対象の範囲を広げてくれるのだ．このようなオンライン環境の変化の中で行われてきたインターネットと言語を扱った研究の動向を概観し，今後のオンラインにおけることばの研究について考えてみたい．

　雑誌『日本語学』では2000年と2001年にインターネット上の言語行動を扱った特集が組まれた（第19巻第12号「特集／ケータイ・コミュニケーション」；第20巻第10号「特集／ケータイ・メール」）．さらに2006年には「ネット社会の集団語」（第25巻第10号）という特集が組まれ，集団語としてのネットジャーゴンの議論がなされている．また井上（2006）は「ネット社会の若者ことば」の観点からインターネット上のコミュニケーションを分析し，インターネットにおいて使用される言語表現は仲間意識を高めると同時にコミュニケーションを促進する機能があると指摘している．三宅（2005a）では，携帯電話とPCのメールにおけるスタイルの違いや視覚的イメージを駆使したビジュアルコミュニケーション（視覚的コミュニケーション，visual communication）に関する分析を行っている．八木橋（2008）では，携帯電話の文字編集機能を利用した言語表現や絵文字，顔文字，記号といった視覚に訴える感情表出の機能，CMCにおけるメタファ的思考における遊戯性と創造性，匿名掲示板というサイバースペースにおけるコミュニケーションの規範と人間関係構築などについて豊富な事例をもとに議論している．このような社会言語学的な研究に加えて，LINEのようなSNSが普及するにつれ，SNS上のコミュニケーションにおける依頼や勧誘，勧誘の断り，謝罪などのジャンルや発話行為の分析が増

え続けている．また本章でも紹介したウェブ会議システムを介したコミュニケーションの分析も増加の傾向にあり，今後さらに分析されていくだろう．日本語用論学会の2022年11月に開催された全国大会では「人とAIとメディアを繋ぐ語用論の新展開」というシンポジウムが組まれた．このような学会の動向からも，社会言語学や語用論の分野におけるオンライン上のコミュニケーションの注目度がうかがえる．

　また雑誌『認知科学』では2022年に発行された第29巻第2号において「オンラインの認知科学」という特集が組まれた．粟津ら（2022）は，認知科学の分野においてはオンラインコミュニケーションの研究はこれまでも行われてきたが，2020年以降の社会情勢の変化やインターネットの発展に伴い，私たちの社会生活では現実の空間とサイバー空間がさらに融合され，これまでとは異なる行動や認知活動が要求されるようになってきたことを指摘している．粟津ら（2022：155）は「オンライン環境における認知科学的な研究は，社会の情報化に伴う大きな流れ」とし，この特集号は人間のオンライン上での認知活動をよりよいものにするために，人間の認知活動を扱ってきた認知科学の知見からオンラインでの言語行動を考察しているものであると述べている．その一方で対面コミュニケーションでは注目されなかった人間の特質が，オンライン環境での活動を分析することで明らかになることも指摘している．

　収録されている論考は，オンラインコミュニケーションにおける身体性に関する論考，コミュニケーションが円滑に行われるために必要な参与者たちが共有する共通基盤の役割に関する論考，教育や行政におけるオンライン化に伴うコミュニケーションを扱った論考など多岐にわたる．またオンライン活動の不十分さを指摘している論考も含まれる．菊地ら（2022）の論考では企業研修として行われていた東日本大震災の被災地への現場訪問がオンライン化された事例を会話分析の手法で詳細に分析しているが，これまで対面で行われていた活動がオンライン化されたことにより生じるコミュニケーションの物足りなさや不足感の要因を明らかにし，このような要因がオンライン化を阻害する要因となっていることを指摘している．今後，社会においてはオンライン化やデジタル化がさらに普及していき，様々な側面が注目されるようになることが予想され，本章で扱った研究とあわせてさらに研究を進めていく必要があるだろう．

文化庁の令和3（2021）年度「国語に関する世論調査」では，「情報機器の普及で言葉や言葉の使い方が影響を受けると思うか」という質問に対して，90.6％が「影響を受けると思う」と回答している．また，「どのような形で影響を受けると思うか」という質問に関しては，多くの回答者が「手で字を書くことが減る（89.4％）」や「漢字を手で正確に書く力が衰える（89.0％）」などの否定的な影響を挙げている．しかし，これまでの研究結果からも明らかなように，オンラインでのコミュニケーションにおいて私たちは様々なコミュニケーションの資源を有効に，そして創造的に活用し，新たなコミュニケーション行動や規範をつくりあげているということができる．

McCulloch（2019: 221）が "Language is humanity's most spectacular open source project"（言語とは，人類の最も壮大なオープンソース・プロジェクトなのだ［千葉（訳），2021：356]）と述べているように，インターネットの世界で人々が日々新たな言語表現や規範を柔軟にそして創造的に生み出し，言語は豊かなものになっていく．その言語の変化をこれからも追い続ける必要があるだろう．同書でマカラックは言語の未来とインターネット言語研究について以下のように述べている．

> ... if you're wondering why this book hasn't talked about something you're interested in, consider this an invitation to draw your own map of another portion of the territory, to conduct your own internet linguistic research. The future of research on internet language lies with you, the reader, just as much as the future of language itself lies with you, the speaker.
> (McCulloch, 2019: 224)
> ……なぜ自分にとって興味のある話題がこの本には出てこないのだろう，と嘆いている方は，本書を，あなたが別の土地のオリジナル地図をあなた自身で描き，独自のインターネット言語研究を行うための招待と考えてみてほしい．言語の未来が，話者であるあなたとともにあるのと同じように，インターネット言語研究の未来は，読者であるあなたとともにある．

［千葉（訳），2021：359］

今後もインターネットの世界は私たちの予想を超える速度で発展をし，それに伴い人間はオンラインコミュニケーションにおける言語使用や言語規範を創

コラム　オンラインにおけるメディア報道とメディア翻訳　　*39*

造し続けていく．本章で扱った内容も，数年後には古い（すでに古い？）と考えられるようになることは否定できない．これからも社会の変化に伴い，様々なCMCを介した新しい言語実践が行われ，インターネット言語研究の研究対象は日々増え続けていく．オンライン環境でのやりとりを分析することで情報技術と社会，そして人間をつなぐさらなる研究が待たれる．

推薦図書

　日本認知科学会が監修した「認知科学のススメ」シリーズ第1巻『はじめての認知科学』（内村ほか，2016）は初学者にとっては必読書である．特に第5章は認知科学がこれまで扱ってきた研究対象を振り返ると同時にインターネットの普及による情報化社会を認知科学の観点から考察し，認知科学における研究の未来を提示している．『月刊言語』（大修館書店），『日本語学』（明治書院），社会言語科学会が出版している『講座社会言語科学2 メディア』（橋元，2005）などにもオンラインコミュニケーションを扱った論考が多数掲載されている．また*Journal of Computer-Mediated Communication*（1995年〜）や*Discourse, Context & Media*（2012年〜）などの専門誌のほか，インターネットやモバイル技術を媒介とした言語と言語使用に関する研究を掲載している電子学術ジャーナルである*Language@Internet*においても様々な最新の研究が発表されている．

コラム　オンラインにおけるメディア報道とメディア翻訳

　最近オンラインにおけるメディア報道を見ていると「常軌を逸したイニング」や「馬鹿げたスライダー」などの興味深い表現を目にする．このような表現は特に海外で活躍しているスポーツ選手を賞賛するときにインターネットメディアにおいて使用される言語表現である．本章ではオンラインでのコミュニケーションにおける「打ちことば」の特徴を考察してきたが，この「打ちことば」はSNSなどで個人間のやりとりにおいて使用されるだけではなく，メディア報道においてもメディア翻訳を通じて使用されるようになった．

　これらの表現は選手やメディアに携わる個人や団体がX（旧 Twitter）で投稿した "insane inning" や "ridiculous slider" などの口語的な英語の表現を「常軌を逸したイニング」や「馬鹿げたスライダー」と日本語に直訳したことで生まれた表現である．英語の話しことばにおいてはbad（悪い）のような本来否定的な意味を表す表現は，意味変化の一種である意味の逆転（reversals）のプロセスを経て，「非常によい」ことを表すようになる．Insane や ridiculous などの表現はスポーツの試合の実況解説などでも選手たちを賞賛する際に頻繁に使用される表現であるが，従来の新聞報道などの書きことばによる媒体では使用されな

かった類の語彙である．その他にも英語において意味の逆転が起こっている
sick や unfair，nasty などの表現がそれぞれ「吐き気を催す」「不公平な」「たち
の悪い」などの否定的な表現に訳され，インターネット上で使用されている．
これらの表現は，メディア側がオンライン環境での言語使用の変化を効果的に
利用し，読者の注意を向けさせるメディア報道における興味深い特徴の1つで
あるといえるだろう．

文　献

粟津俊二ほか（2022）「特集「オンラインの認知科学」編集にあたって」『認知科学』**29**(2)：
153-157.

文化審議会国語分科会（2018）「分かり合えるための言語コミュニケーション（報告）」
https://www.bunka.go.jp/koho_hodo_oshirase/hodohappyo/__icsFiles/
afieldfile/2018/04/09/a1401904_03.pdf（最終アクセス日：2024/1/8）

Crystal, D. (2006) *Language and the Internet*, 2nd edition, Cambridge University Press.

Crystal, D. (2019) *The Cambridge Encyclopedia of the English Language*, Cambridge University Press.

Goffman, E. (1981) *Forms of Talk*, University of Pennsylvania Press.

Gumperz, J. (1982) *Discourse Strategies*, Cambridge University Press.［井上逸兵ほか（訳）
（2004）『認知と相互行為の社会言語学―ディスコース・ストラテジー』松柏社.］

橋元良明（編）(2005)『講座社会言語科学2 メディア』ひつじ書房.

Herring, S. C. (2001) Computer-Mediated Discourse. In D. Schiffrin et al. (eds.) *The Handbook of Discourse Analysis*, pp. 612-634, Blackwell.

Herring, S. C. (2007) A Faceted Classification Scheme for Computer-Mediated Discourse.
Language@Internet **4**: 1-37.
http://www.languageatinternet.org/articles/2007/761（最終アクセス日：2022/10/25）

堀内ふみ野・土屋智行（2023）「［X、な N］に見る構文化のモード依存性」『社会言語科学会
第47回大会発表論文集』251-253.

池田佳子（2017）「Web ビデオ会議―関与性を指標する相互行為リソースの一考察」片岡邦
好ほか（編）『コミュニケーションを枠づける―参与・関与の不均衡と多様性』pp. 69-
88, くろしお出版.

池田庸子（2022）「留学生の語りからみたコロナ禍での「留学」経験―オンラインという「場」
におけるコミュニティ形成について」『社会言語科学』**25**(1)：24-38.

井上逸兵（2005）『ことばの生態系―コミュニケーションは何でできているか』慶應義塾大
学出版会.

井上逸兵（2006）「ネット社会の若者ことば」『月刊言語』**35**(3)：60-67.

石黒　圭（2022）「コロナ禍におけるオンライン・ゼミナールの可能性―オンラインのゼミ
談話に見るコミュニケーション活動の豊かさ」『社会言語科学』**25**(1)：39-54.

文　　　献

伊藤瑞子・岡部大輔（2006）「テクノソーシャルな状況」松田美佐ほか（編）『ケータイのある風景―テクノロジーの日常化を考える』pp. 221-237，北大路書房.

カヴァナ，バリー（2012）「英語，日本語におけるオンラインコミュニケーションの対照分析―UMC を中心に」『青森県立保健大学雑誌』**13**：13-22.

菊地浩平ほか（2022）「オンラインで立ち現れる「物足りなさ」と「本拠としての現地」―企業研修における DX 事例の研究」『認知科学』**29**(2)：243-255.

McCulloch, G. (2019) *Because Internet: Understanding the New Rules of Language*, Riverhead Books.［千葉敏生（訳）(2021)『インターネットは言葉をどう変えたか―デジタル時代の〈言語〉地図』フィルムアート社.］

三宅和子（2005a）「携帯メールの話しことばと書きことば―電子メディア時代のヴィジュアル・コミュニケーション」『メディアとことば』**2**：234-261.

三宅和子（2005b）「携帯電話と若者の対人関係」橋元良明（編）『講座社会言語科学2 メディア』pp. 136-155，ひつじ書房.

三宅和子（2019a）「LINE における「依頼」の談話的特徴を記述・分析する（1）―メディア特性とモバイル・ライフの反映を探る」『文学論藻』**93**：31-49.

三宅和子(2019b)「モバイル・メディアにおける配慮―LINE の依頼談話の特徴」山岡政紀（編）『日本語配慮表現の原理と諸相』pp. 163-180，くろしお出版.

水谷信子（1985）『日英比較 話しことばの文法』くろしお出版.

生天目知美ほか（2012）「日中韓の友人会話における依頼の談話展開」『筑波応用言語学研究』**19**：15-29.

中道美木男・十井真美（1995）「日本語教育における依頼の扱い」『日本語学』**14**(11)：84-93.

Spreadbury, A. L. (2022) X they said Y they said as a sarcastic multi-sentential construction.『認知言語学論考』(16)：137-166.

砂川千穂（2017）「空間をまたいだ家族のコミュニケーション―スカイプ・ビデオ会話を事例に」片岡邦好ほか（編）『コミュニケーションを枠づける―参与・関与の不均衡と多様性』pp. 91-108，くろしお出版.

田中ゆかり（2014）「ヴァーチャル方言―打ちことばの事例から」石黒　圭・橋本行洋（編）『話し言葉と書き言葉の接点』pp. 37-55，ひつじ書房.

唐須教光（編）(2008)『開放系言語学への招待―文化・認知・コミュニケーション』慶應義塾大学出版会.

内村直之ほか（2016）『はじめての認知科学』（「認知科学のススメ」シリーズ 1）新曜社.

Varnhagen, C. K. et al. (2009) Lol: New language and spelling in instant messaging. *Read Writing* **23**: 719-733.

八木橋宏勇（2008）「サイバースペースコミュニケーション」唐須教光（編）『開放系言語学への招待―文化・認知・コミュニケーション』pp. 141-170，慶應義塾大学出版会.

山梨正明（1986）『発話行為』大修館書店.

第3章　　　　　　　　　　　　　　　　　　井上逸兵

ことばと文化

◆キーワード

対照，ポライトネス，人類学，文化相対主義，相互行為，社会的認知，伝達，文化進化

　認知科学以前の社会言語学，語用論においては，それほど珍しくはなかった「文化」という語は，それらと同時代，もしくはそれ以前の，統語論を中心とした，主流とされる言語研究では，ほとんど議論の俎上にあがることはなかった．しかし，「文化」も，20世紀の終盤から21世紀の初頭にかけて，認知科学の枠組みの中で，新たな意味を帯びるようになる．「文化」とは何か，という問いそのものは容易に答えることのできないものだが，直接，間接に「文化」にアプローチするいくつかの研究，論考を見ることで，「ことばと文化」研究の概観を得られるのではないかと思われる．それぞれの研究の「文化」との距離感が，言語研究の流れをいわば逆から見ることになるかもしれない．

|||||||||||||||||||||||||||||| **第1部　現在までの流れ** ||||||||||||||||||||||||||||||

第1節
認知科学以前／以外の「ことばと文化」研究

　「ことばと文化」が本章の主題である．これに関心を持つ方々は，まず鈴木孝夫のロングセラー『ことばと文化』（鈴木，1973）を思い浮かべるかもしれない．出版されたのが1973年であるから，本章執筆の時点では50年の歳月を経ているが，本書はいまだに読み継がれているという．統語論やフォーマルな言語学を現在専門とする言語学者の中でも，言語学への入り口は本書だったという話を時に耳にする．

　これらのことは，「ことばと文化」というテーマが，言語学徒もそれにあらずとも，多くの人々を引きつけてきたことを物語っている．そして，ことばと文化とには何かしらのつながりがあり，人によっては深い関わりがあると考えるのがむしろふつうだろう．少数言語や地域性の強いことばのバラエティ（地域変種など）が念頭にある場合などは，ことばは文化の一部であると考えるこ

とが多い．危機言語である認識やことばの保存活動などは，そのような見方が根底にある．

　言語学の世界ではなかば常識とされてきたが，言語学の主流とされてきた，統語論など言語の形式的側面に焦点を当てる言語学では，「文化」という要素は，通常，議論から排除されてきた．後述するように，生成文法はその極にあるが，それのみならず主流とされる言語学では，言語を自律した存在とするのが暗黙の前提であった．「文化」という語はその流れにある言語学ではほとんど言及されることがなかった．冒頭で挙げた『ことばと文化』（鈴木，1973）もこれほど一般に読まれている著作であるにもかかわらず，あまり言語学の議論には登場しない一因はそこにある．

(a)「ことばと文化」の 1973 年

　鈴木孝夫『ことばと文化』（1973 年）は，ことばと文化の関係に焦点を当て，いくつかの事象について論じたものだ．英語の "lip" と日本語の「唇」，"chin" と「顎」といった語の指示範囲や表現の違いなど，言語ごとに異なるものの切り分け方や定義の仕方という話や，日本語と外国語の人称（代名）詞の差異を通じて，日本特有の文化を明らかにする試みは，よく知られている．日本語の自称詞，対称詞，他称詞という切り口は，本書によって一般に知られるようになったといってもよいだろう．これらは西欧的な価値観や尺度を前提として日本語について考えたり論じたりすることへの問題提起でもあった．一般的にも言語学的にも，対照はことばと文化を論ずる 1 つの有効な視点である．後述するが，それがこの時代の言語学の「文化」への取り組みの特徴である．

　本書は一般向けにも書かれており，実際多くの読者を得たが，学術書であれば巻末などにあるのが通例の参考文献の一覧がない．学術的枠にとらわれない鈴木の研究，執筆の流儀ということもたぶんにあったが，20 世紀後半という文脈を考えると，「ことばと文化」というトピックが言語学の世界を含めた世に受け入れられるにはこのような形が最良であったのかもしれない．1973 年の言語学の時代背景としては，チョムスキー（Noam Chomsky）の生成文法の嵐が吹き荒れ，その吹き返しが，哲学や社会学からアイディアを拝借した社会言語学や語用論などのコミュニケーション系の言語学とともに 1 つのムーブメントを作り出した時期である．鈴木（1973）の中にはそのような言及はない

が，1つの時代認識の表れと見てよいように思う．

　もっとも上の意味での主流とは異なった議論は近年もある．エヴェレット（Daniel L. Everett）によるピダハン語の発見は，チョムスキーの普遍文法の存在自体に対して疑問を投げかけることになった．ピダハン語とその文化では，直接的ではないことはことばにしてはならないという文化的制約がある（Everett, 2008）．左右や色の概念などの抽象化の概念も存在しない．エヴェレットの発見は「文化が言語をつくりあげる」という「ことばと文化」観をもたらした．

　言語学の外でも，そもそも「文化」とは何か，という問いは手ごわいものと考えられている．文化人類学，社会学，心理学，歴史学，考古学，コミュニケーション・スタディーズなど，様々な分野で「文化」は扱われているが，それぞれの分野で，それぞれの分野なりのアプローチで「文化」を論じている．これらを統一した定義や見方を問うことは控え目にいって無謀なことだろう．本章では，言語学とその周辺領域における「文化」のアプローチを取り上げてその概略をお見せできればと思う．

(b) 20世紀の社会言語学，語用論における「文化」

　1970年代には，社会言語学，語用論は現在から見たところのおおよその概観が得られた．そこから1980年代，1990年代は「対照」「異文化」という視点からの研究が盛んに行われる段階を迎えた．コミュニケーション系の社会言語学の基本となるポライトネス理論（Brown and Levinson, 1978, 1987）（いわゆる丁寧表現に限らず，「面目」という他者によって満たされ得る，人間に共通の社会欲求をめぐって言語現象を説明しようとする）においても，生成文法の影響もあってか，「普遍（universals）」が謳われたが，その反論，反証という形で様々な「文化」の社会言語学的・語用論的側面が論じられた．その反証の議論は，日本からも投げかけられ，Ide（1989），Matsumoto（1990）などは日本の言語文化からの「普遍」への重要な問いかけになった．井出の「わきまえ（discernment）理論」は，非英語圏の文化から見たポライトネスのモデルとして，この分野の1つの流れを作った．

　Wierzbicka（1987, 1991）は，非英語圏（彼女の場合はポーランド語などスラブ語圏）から英語を論ずることで，英語の「中立性」は幻想であり，英語

がいかに他とは異なったきわだった特徴があるかを論じた．彼女の一連の論考に通底するのは，英語がいかに風変わりな言語であるか，という点だ．英語が「国際語」となった今日，改めて文化的に問い直す意義の大きい著作群である．

Blum-Kulka et al. (1989) は言語行為（speech act，スピーチアクト）（ことばを用いることが社会的な行為であるとみなす考え方）を枠組みとしてその実現パタンについて複数の言語にわたった調査（cross-cultural study of speech act realization patterns）を行い，その文化的なパタンを比較した Kasper and Blum-Kulka (1993) も同様の企てである．異文化間（cross-cultural, intercultural）とは異なり，中間言語（interlanguage）は第二言語，もしくは外国語としての，主として英語の使用を観察することで，母語，母文化の痕跡を見ようとするものだ．

(c) 文化人類学から社会言語学，語用論へ

文化人類学については言語人類学，人類言語学の文脈で後に触れるが，言語学の外の議論で，これらの研究に明示的，非明示的に影響を与えたのは文化人類学者ホール（Edward T. Hall）の一連の論考であろう（Hall, 1959, 1966, 1976；Hall and Hall, 1975 など）．彼は「近接学（proxcmics）」という概念を提唱し，人々が他の人々との距離をどのように感じ，調整するかについて調査した．これにより，異なる文化間での距離感の違いや，個人と個人との関係における距離の重要性について理解が深まることになった．これは異文化コミュニケーション研究の礎の1つとなった．

ちなみに，彼の高コンテクスト／低コンテクスト（high context/low context）という概念は，以下のようなものとして知られる．高コンテクスト文化では，非言語的な要素や文脈がコミュニケーションの理解に重要であり，ことばだけでは情報を伝えきれないことが多いとされ，低コンテクスト文化では，ことば自体が主要なコミュニケーション手段であり，文脈や非言語的な要素は比較的重要ではない，というものである．この概念は，国際ビジネス，異文化コミュニケーション，国際交流などの分野で広く活用されており，異なる文化間での効果的なコミュニケーションに関心を持つ多くの人々に影響を与えた．ただ，かなり一人歩きしたところがあり，実証的に論証された概念ではない．一般に，特に国際ビジネスの世界などで「日本は高コンテクスト文化で，米国は低コン

テクスト文化だ」などという言語文化の類型にまで用いられることが多くなったが，かなり雑な議論である．見方を変えれば，それほどまでにインパクトを与えた著作群であったといえる．

中川（1992）のように，文化人類学の方が語用論の概念（スピーチアクト）を用いて論じたものもある．中川はスピーチアクトの成立に文化的な「記述のレベル」という概念を重ね合わせて，その文化的な側面を論じた．例えば，「ボールを投げた」とは低次の記述のレベルだが，「ボールをパスした」は，ゲームのシステム性の理解に基づいたより高次な記述のレベルということになる．

コラム　日本アニメの英語字幕・吹替に見る「ことばと文化」

井上（2017，2021）では，日本アニメの英語字幕・吹替を用いて，言語と文化を論じている．映画などの翻訳の対照研究は，「ことばと文化」を論ずる格好の材料と思われる．なぜなら，字幕にしろ吹替にしろ，この種の翻訳には物理的制約が強く関わるため，訳出に「文化」的要素が現れやすいからである．映画では，時間当たりの一画面の訳出の文字数は規定されており，吹替であれば，演者の口の動いている間に訳を入れねばならない．文化的ないわゆる意訳が多く見られるのである．

アニメを特に用いる意味は，子どもも視聴対象となるため，音声による吹替がなされている作品が多いことだ．大人向けの作品では，字幕だけで配給されることが多い．音声吹替はプロソディ（韻律）を伴うことなど，字幕とは異なった側面を持っており，より観察の材料が豊富になる．

訳出については，翻訳者の考えや個性もあり，多様ではあるが，一定のパターンを見出すこともできる．そしてそれは社会言語学，語用論，とりわけポライトネス研究の枠組みでうまく捕捉できるように思われる．例えば，オリジナルの日本語では，相手の独立した領域に入り込むかに見える「〜せよ」「〜するな」というスピーチアクトは，英語版では，I would（n't）...（私だったら〜する／しない）という相手の独立した領域（ポライトネス理論ではネガティブ・フェイス[1]）に配慮した表現形式をとることが多い．

また，西欧語的な主語を日本語ではとらないことが多いことからくる，認知言語学でいう事態把握（construal），「好まれる言い回し」という観点から見ると興味深い例も多い．

---

1)　日本語では「面目」．人との関わりによって満たされる社会的な欲求．

さらに，社会言語学的には，日本語のコンテンツがいかに英語を媒介として海外に展開されるかという事象としても見ることができる．英語が重訳（relay translation）の仲介言語になることもある．また，2000年を境として，英語の訳出に変化が見られることも興味深い．アニメを介して日本語を理解する人口の増加が背景としてあると考えられる．

第2節
言語人類学と人類言語学

(a) 言語が先か人類が先か

　言語学と隣接しながら「ことばと文化」に長く取り組んできたものとして筆頭に挙げてよいと思われるのは，人類言語学（anthropological linguistics）と言語人類学（linguistic anthropology）であろう．この2つは論者によってはほぼ同一視する人もいる．単純に視点の重みとして，人類言語学は言語学に，言語人類学は人類学にあるとする見方もある．より厳密な定義づけを試みたものとしては，人類言語学とは，「幅広い社会的・文化的文脈における言語の位置づけ，文化的実践や社会構造を形成・維持する上での役割に関心を寄せる言語学の下位分野」で，「文化のプリズムを通して言語を捉え，言語の使用，誤用，不使用，様々な形態，音域，様式の背後にある意味を明らかにしようとする」（Foley, 1997: 3）ものであるとするものや，（言語）人類学者は「全体論的なアプローチに関心があり」，「言語を文化的な枠組みの中で捉え，その社会的使用のルールに関心を持つ」（Salzmann, 1998: 16）とするものなどもある．

　言語人類学は，Society for Linguistic Anthropologyのウェブサイト（章末文献参照）によれば，「言語が社会生活を形成する方法の比較研究である．言語使用の実践がコミュニケーションのパタンを形成し，社会的アイデンティティや集団の構成員のカテゴリを形成し，大規模な文化的信念やイデオロギーを組織化し，他の記号論的実践と連動して，人々が自然および社会的世界に関する共通の文化的表象を備える様々な方法を探求する．」言語人類学は，絶滅の危機に瀕する言語を記録しようとする努力に端を発し，過去100年の間に言語構造と使用のほとんどの側面を包含するまでに成長したという（上記ウェブサイト）．言語がどのように社会的・文化的・歴史的文脈を形成し，またそれ

らによっていかに言語が形成されるかを研究する，というのが一般的な立ち位置である．

　一方，人類言語学は，システムとしての言語そのものに焦点を当て，その構造，文法，音声学，構文を分析する，というのが主流だ．人類言語学では，言語の構造的側面を分析するために，形式的な言語学の方法を用いる傾向がある．言語データの分析を通じて音韻論，形態論，統語論，意味論という，伝統的な言語学で扱う諸側面の研究を行い，特に文字記録のない言語に関する研究を行うことが多い．特に米国では，アメリカ先住民の文化と言語の研究が進められた結果，人類学と言語学の間に密接な関係が生まれた．言語と文化にどの程度の関係があるかには論争があるが，現在では多くの論者は，その関係はこの知見が生まれた当初にセンセーショナルに主張されたほど密接なものではないと考えている．親族制度，植物分類学，色彩用語などの分析は言語人類学の名のもとにも行われてきたが，言語学的手法を活用する場合に特に人類言語学と呼ぶこともある．

　このような違いに関する議論があるにもかかわらず，これらの名のもとに行われる諸研究の境界は曖昧であることがあり，研究上の関心や方法論においてもしばしば重複が見られる．研究プロジェクトや理論的視点によって，言語人類学と人類言語学のどちらかで研究していると自認している研究者も実際には多いようである．

(b) 言語人類学の背景

　以下においては，言語人類学の概略について，井出ら（2019）の議論を借りよう．

　言語人類学と人類言語学の発展は，人間の社会文化的営みを理解しようとする人類学の一分野として重要である．言語は，人間の生活のほぼすべての側面に深く関与しており，その研究対象は多岐にわたる．この多様性は，言語がコミュニケーションの道具にとどまらず，人間の社会文化的実践の鏡であるという言語人類学の核心を表している．

　言語人類学の源流は，1920年代のヨーロッパに遡る．この時期，マリノフスキー（Bronisław K. Malinowski）やラドクリフ＝ブラウン（Alfred R. Radcliffe-Brown）らが中心となり，社会の構成要素として機能や構造を重視する機能主

義や構造主義のアイディアが栄え，社会人類学が成熟した．一方，米国では，文化的多様性に注目し，先住民や移民の文化をフィールドワークによって記述する文化人類学が発展した．

　米国における言語人類学の成長には，フランツ・ボアズ（Franz Boas）の貢献が大きい．彼は，先住民の言語と文化を理解するためにフィールドワークを行い，各民族の言語が独自の思考方法と文法体系を持つことを強調した．この立場は，印欧諸語を基準とした進化論的な考え方に対抗し，「相対性」と「多様性」の観点から他の文化を評価する文化相対主義（後には多文化主義）の基盤となった．

　進化論的な視点によって「原始的」と差別的に分類された非欧米系の言語と文化を，現地の視点から記述するボアズのアプローチは弟子たちによって引き継がれ，言語相対性理論（linguistic relativity theory）の形成に貢献した．ただし，後述するように，「文化進化論」は21世紀になって全く別の意味合いを持つことになる．

　この時期，マリノフスキーは，フィールドワークを通じて言語と文化を記述し，その方法論に革命をもたらし，文化と言語を理解するための新しいフレームワークを提供した．マリノフスキーによる「交話的言語使用（phatic communion）」は言語学，社会言語学の基本概念となっている．マリノフスキーは，言語は，主に意味，情報を伝えるために使われるばかりではなく，人々がとりとめもなく噂話をしているときの状況の文脈は，社交的な雰囲気と，これらの人々の個人的な交わりの事実によって成り立っていると主張した．ことばの交換は，聞き手と話し手を何らかの社会的感情やその他の結びつきによってつなげるという目的を果たす行為である（Malinowski, 1989）．

　マリノフスキーとボアズのアイディアは交差しながら，言語人類学と文化人類学の発展に大きな影響を与えた．

|||||||||||||||||||||||||||||||||||||| **第2部　今後の展望** ||||||||||||||||||||||||||||||

第3節
「ことばと文化」という視点から見た言語人類学の近年の動向

　20世紀の言語人類学の系譜から見る「ことばと文化」の論考は，マリノフ

スキーのフィールドワーク先であったトロブリアンド諸島や米国の人類学者たちにとってのアメリカ先住民などに見られるように，いわゆる「文明化された社会・文化」との対比対照がその背後にあった．それが「文化相対主義」を論ずる手立てでもあったのであろう．

しかしながら，近年の言語人類学，人類言語学を含めた人類学の研究対象は，だいぶ様変わりしている．従来の人類学のトピックに加えて，より現代社会的な，移民問題，デジタルコミュニケーション，ポップカルチャーなど多岐にわたる．例えば，世界で最も大きな人類学の学会の1つであるアメリカ人類学会（The American Anthropological Association）の2023年におけるトップページの写真は渋谷のスクランブル交差点である．

近年の言語人類学，人類言語学の研究テーマとしては以下のようなものが挙げられる．

- 言語とアイデンティティ：　言語の活性化，言語景観，言語イデオロギーなど，言語が個人や集団のアイデンティティの構築にどのように寄与しているかをグローバルな視点も加味して探究する．
- 多言語主義と言語接触：　多言語主義と言語接触の力学の研究には，コードスイッチング，バイリンガリズム，グローバリゼーションが言語に与える影響などが含まれる．
- 言語と移民：　移動を考えると，言語人類学者は，世界的な人の移動が言語の使用や維持にどのような影響を与えるか，また国境を越えたアイデンティティの形成にどのような影響を与えるかに関心を寄せている（第4巻第3章参照）．
- デジタルコミュニケーション：　デジタルコミュニケーション技術の台頭は，言語人類学に新たな研究の道を開いた．これには，オンラインコミュニティやソーシャルメディア，デジタルコミュニケーションが言語の変化に与える影響に関する研究も含まれる（Georgakopoulou and Spilioti, 2015）（第2章参照）．

第4節
相互行為と社会的認知と「文化」

このような言語人類学の動向を見ても「ことばと文化」や「文化」の捉え方

はますます多様になっており，その意味で一筋縄ではいかない状況である．「文化」ということばでくくることは困難であることを覚悟の上で，前世紀から始まり，今世紀の最初の四半世紀の言語学，言語研究，「ことばと文化」への論考を特徴づけると思われる相互行為と社会的認知という観点から，以下に展望を試みてみたい．

この展望に至る道筋はいくつかある．1つ目は社会学のエスノメソドロジストらの会話分析が近年言語学と合流した相互行為言語学（interactional linguistics），2つ目にトマセロ（Michael Tomasello）を筆頭とする認知心理学の視点からの「文化」，3つ目に，社会と認知との接点を求めた認知（機能）社会言語学（cognitive sociolinguistics）の研究動向，4つ目に文化の差異や動態を生物進化のアナロジーで説明しようとする前世紀とは全く異なる新たな文化進化論（cultural evolution）である．

第5節
相互行為言語学の流れ

「文化」ということばは明示的に用いていないが，言語を会話の中で捉えようという視点は，統語論を中心とした言語学の主流から，人間のことばを介した営みを総体として捉える議論の1つとして見ることができるだろう．第1巻[2]と重なるところもあるかと思うが，ここでは，文化としての相互行為という観点で，この分野を概観し，21世紀の言語研究の1つの展望として見てみよう．

会話への視座として言語学にインパクトを与えたものとしてまず挙げられるのは，サクス（Harvey Sacks）らエスノメソドロジストたちの会話分析だろう（Sacks et al., 1974）．エスノメソドロジー（ethnomethodology）は，人々がいかに会話という日常的な相互行為における秩序を構築するかを論じる社会学の一分野だが，会話という日常的営みの組織性に特化したこの論文は言語学の本道中の本道ともいえる *Language* 誌に掲載されたこともあり，言語学者の目を会話に向けることにもなった．

しかしながら，エスノメソドロジーが会話分析の名のもとに解明を試みたこ

---

[2] 第1巻は会話を含む言語的相互作用を扱う章が多い．認知科学全体から見た会話分析は第1巻の第1章第1節，意図理解と会話については第2章，対話の多層性の視点からは第4章，ロボットや人との相互行為という視点ではそれぞれ第5章と第6章を参照．

とと，言語学で会話を分析対象とした論考とでは，あさってくらいに方向が違うことに，研究の表面にとらわれてしまうと気づきにくい．会話を分析すれば，それがすなわち「会話分析」だという誤解は日本の言語系の学会の研究発表を見ても以前は少なくなかったように思われる．一方で実際のところ，エスノメソドロジーがもたらした知見のいくつか，例えば，隣接応答ペア（adjacency pair）や優先応答体系（preference organization）などは，人間の会話の特質として理解できることもあり，枠組みを変えれば言語事象のパタンとして理解してもよい面もある．

エスノメソドロジーという名称も「ことばと文化」寄りに考えたいものにとってエスノグラフィー（ethnography，より人類学的な視点）などと同類のものという期待をしてしまいがちだが，これもまた全く違う．エスノメソドロジーの ethno- を「民族」と訳すのは完全な誤解で，サーサス，サクス，ガーフィンケル，シェグロフの論集の邦訳で，ethnomethodology に当てられている書名『日常性の解剖学』（サーサスほか，1989）あたりが適切な訳だろう．ethno- は「人の日常」くらいの意味合いである（第 1 巻第 6 章参照）．

言語学の方では，統語論に代表されるような形式レベルで議論する主流の言語学に対して，実際の対話のデータを，使用される談話文脈との関係で論じようとする談話機能言語学（discourse-functional linguistics）が 1980 〜 1990 年代にかけて盛んになる．Chafe（1980），Du Bois（1987），Thompson（1997）などである．

そして，1990 年代になると，この談話機能言語学の研究群は「相互行為と文法（interaction and grammar）」と称する時期を経て，会話分析の知見，手法を取り入れつつ，2000 年代には相互行為言語学（interactional linguistics）という境地を切り拓く．

これについては横森（2018）がよい概観を与えてくれる．彼によれば，相互行為の資源としての言語構造，相互行為の結果物としての言語構造，相互行為としての言語構造という 3 つの視座が，会話分析から言語学への広がりの現在の 1 つの到達点だ．

単純化しすぎることを恐れず「ことばと文化」という視点で考えるならば，ここにはほとんど「文化」という語は現れないが，文法が人々の会話ややりと

りといった営みの中で，そしてそれらの間の関わりとして生み出される事象を「文化」と捉えるという視野をこれらの研究群は与えてくれたと見ることができるだろう．「文法と相互行為」をそのまま「ことばと文化」に平行させることができるとしたら，相互行為としての文化，人々のやりとりや会話そのものが文化であると見ることもできるだろう．Enfield（2013）のような，ラオ語を材料として，関係性，相互行為のシステムとしての文法を論ずる試みもある．

第6節
トマセロと「文化」

　言語学の中でも，特に認知言語学の議論に入ってきた語としての「文化」でおそらく最もインパクトのあったものはトマセロのものだろう．Tomasello（1999）のタイトルである "cultural origin of human cognition" は，特に形式面を扱う言語学，一般的な言語学の議論にはほとんど見られなかった「文化」に，言語学，特に認知言語学や社会言語学は新しい意味を見出した．

　この「文化」を意味するところを理解するのに，トマセロの認知心理学の背景を知る必要がある．今井・佐治（2023）はそのよい概観を与えてくれる．その議論を借りてトマセロの研究の概略を見てみよう．

　たびたび言及しているように，チョムスキーの文法理論がその典型であるが，統語論を中心とする言語の形式面を主として論ずる言語学においては，人間の思考，言語のあり方は，文化に関わらず共通しているという考えが基本にあった．言語のあり方は，表層では多様に見えても深層では同じであり，普遍的なものである．この考えにおいては，言語の多様性は非本質的なことということになる．

　一方で，欧米の基準からは「文明化されていない」と考えられる「文化」の言語の研究が進む中で，いわゆるサピア・ウォーフの仮説，「言語相対性仮説」（Whorf, 1956）を検証する実験が近年行われるようになった（これについてはImai et al.（2020）に詳しいとのこと）．

　さらに，認知科学のさらなる深化によって，言語研究は，言語的知識の基盤を物理的身体との関連のみならず，物理的・社会的環境との関連から捉える流れが生まれてきた．心の側ではなく，環境の側に意味が埋め込まれているという生態心理学的視点との関わりも論じられるようになる．発達心理学，認知科

学では 1980 〜 1990 年代を通し，乳児を含む人間が他の人間に対して示す特別な反応，向社会性，利他性，心の理論を含む社会的認知能力に関する理解が大きく進んだという．

これらを踏まえ，トマセロは社会的認知能力と言語習得，言語進化との直接的な関係を議論した（Tomasello, 1999, 2003）．言語習得，認知の発達，文化との関連性に関するトマセロのアイディアは，言語学，心理学，人類学など多くの分野に影響を与え，ことばと文化の相互関係に関する理解を深めるための基盤となっている．

Tomasello（1999）では，人間の認知能力が文化的な要因によって形成されるとし，人間は社会的な生物であり，他者と協力し，共同行動を通じて文化的な知識を共有・伝達する存在であるとの考えを提示した．言語は，文化の一部であり，情報や信念が共有され伝達される手段として重要であると同時に，共感，文化的な共有能力など，文化的な要因が認知発達に影響を与えると論じる．

Tomasello（2003）では，子どもたちが言語を親や他のコミュニケーション相手との相互作用を通じて習得する，使用基盤のプロセスを強調するモデルを提示している．言語の発達は，社会的コミュニケーションと深く結びついており，他者との共同作業や共感が鍵となる．また，文化的なコンテクストも言語習得に影響を与え，文化的な共有を通じて言語能力が発展すると考える．

今井・佐治（2023）のことばを借りれば，進化的に古い一般的な学習メカニズムと，進化的に新しく人間独自の能力である社会的認知能力が言語習得を可能にするとトマセロは論じる．「9 か月革命」としてよく知られるトマセロの論考では，生後 9 か月ほどの乳児が他者の意図を見出し，目的志向的な行為を模倣し始めることが人間のコミュニケーションの始まりであるとする．視線や指さしを用いた意図的なコミュニケーションがその現れであるが，言語はこの延長として現れるという．人間は他の人間とのコミュニケーションを通じて言語を含めた文化的知識や技能を習得していくのである．

人間は生得的に利他傾向を持ち，それは心の発達の初期段階で観察されるが，その後の成長とともに社会的環境の中で調整される能力である．Tomasello（1999）の論じるところでは，自らの自発的な行動を制御する能力を意図的主体（intentional agent）と捉え，目的を持ってそれを達成するための行動手段

を能動的に選択する活動体としている．この意図的主体が他者を理解すること
を文化学習と考えている．言語コミュニケーションは，子どもの共同注意(joint
attention）を伴うやりとりの技能や文化学習の顕在化である（小椋，2006).

「ことばと文化」という本章の文脈で考えるならば，トマセロは，文化が人
間の認知的発達と言語習得において中心的な役割を果たすと考えているという
点が重要である．文化は情報や知識が共有され，伝達される枠組みとして捉え
られており，人間が他者と情報を共有し，それを次の世代に伝えるという認知
的営みを「文化」という伝統的で一般的な語に込めたのである．

第7節
認知（機能）社会言語学

本節では，日本語では「認知社会言語学」や「認知機能社会言語学」と訳さ
れている cognitive sociolinguistics という枠組みでの議論をいくつか取り上げ
て，「ことばと文化」のすでに始まっている新しい展開について考えてみよう．
研究分野名やアプローチとしては，「文化」は必ずしも直接言及されているわ
けではないが，1つの「ことばと文化」の捉え方として見てみたい．

他の章で取り上げられている研究群の「認知」の意味するところを理解する
ために，認知言語学の背景に立ち返ってみよう（第1巻第1章参照).

1950 年代後半にチョムスキーが言語学に大きな変革をもたらした(Chomsky,
1957）のは 20 世紀の言語学における最大のインパクトであった．20 世紀の第
2四半世紀の言語研究は，アメリカ構造主義（と米国以外では呼ぶ）の枠組み
において個別言語の記述を主たる目的としてきたが，チョムスキーは人間の生
得的特性としての普遍文法（universal grammar）によって言語獲得のプロセ
スを解明しようとした．これが，生成文法の源泉であり，基本的な考え方であ
る．

20 世紀の第3四半世紀においては，チョムスキーの「生成革命」が特に吹
き荒れたが，このアプローチに対して，レイコフ（George P. Lakoff），ラネカー
（Ronald W. Langacker），タルミー（Leonard Talmy）らは，「認知革命」と
も呼ぶべき新たなアプローチを提唱した．彼らは言語獲得には言語に特化した
内在的な装置ではなく，カテゴリ化や身体性のような，人間が持つより一般的
な認知プロセスや原理が重要であることを指摘した（例えば Lakoff, 1977；

Talmy, 1978；Langacker, 1979 など）．この新たな分析方法は，Lakoff（1987），Langacker（1987），Talmy（1988）などの研究によって広く知られるようになり，認知言語学として確立するに至る（第1巻第1章第4節（c）参照）．

このあたりについては，渋谷（2021）はよい概観を与えてくれる．それによると，その後の認知言語学は，機能主義研究，文法化研究に代表される歴史言語学的研究，心理言語学，言語習得研究などの知見を取り入れて発展を遂げてきたが，認知言語学に対して社会的転回（social turn）を求める声が近年多く聞かれるようになっているという（Harder, 2010 など）．その枠組みとしては，「認知社会言語学（cognitive sociolinguistics）」や後述する「社会認知言語学（social cognitive linguistics；Croft, 2009）」と呼ばれるものがある．

認知言語学に求められている「社会的転回」と称するものは，人間の社会的認知能力に焦点を当てた言語分析の必要性への認識である（渋谷，2021）．生成文法と認知言語学によって，人間の認知という観点に立った言語研究が蓄積された．しかし，人間の言語使用が社会的目的であることを踏まえれば，人間の内部だけでなく，外部との関係性も含めた言語研究が求められるのは自然なことである．認知言語学者の中には，言語の社会的側面に着目した言語研究の重要性を指摘する者もいた（例えば Langacker, 1999）が，実際に具体的な研究に結びつくことはなかった．経験やコミュニケーションは図式としては認知言語学の中にあったが，それは「孤独な認知」（山梨正明氏個人談話）だったのである．

認知言語学が社会的転回を果たし，その理論的深化を追求するならば，社会言語学から学ぶことは多いであろう．特に米国の社会言語学では1960年代以降ラボフ（William Lavob）を中心に変異理論に関する研究が活発に行われ，その一方で，ガンパーズ（John Gumperz）によるコンテクスト化（contextualization）に焦点を当てた相互行為の社会言語学（interactional sociolinguistics）が展開された．社会言語学にとって言語変化や相互行為を研究する際には，社会という文脈が必須であり，人間のいわば外部からことばを観察する視点と方法論を蓄積してきた．一方で，認知言語学，特に用法基盤と事例基盤モデルに基づく研究では，頻度や経験的学習が重要になるが，それらには，当然ながらレジスター（register，言語使用域）（特定の集団や場面ごとの言語変種）や地

域的・社会的変異，言語共同体（speech community）ごとの慣習など社会言語学的な要因が関わってくる．両者の研究の蓄積が互いにとって有益であることは明確であろう（Hollmann, 2013）．その結果として，認知社会言語学あるいは社会認知言語学という新たな言語の分析方法が確立することになりつつある．

渋谷（2021）も主張するように，認知言語学の社会的転回は，社会言語学と認知言語学の相乗効果が期待できる．認知言語学の社会的転回はさらに，社会心理学，文化人類学，人文地理学，社会学などの社会科学の関連分野の言語研究への参入を活性化することになるだろう．このような分野横断的な研究動向は，分野細分化とは逆向きの，本章でいうところの「ことばと文化」の研究という大きな袋の方がよりふさわしくなるかもしれないものである．認知言語学の社会的展開は，21 世紀の，少なくとも最初の四半世紀の言語研究の 1 つのあり方であることは間違いないだろう．

クロフト（William Croft）も「社会認知言語学（social cognitive linguistics）」の名のもとに，認知言語学の社会的転回を論じている（Croft, 2009）（第 1 巻第 1 章第 4 節参照）．人間は共同行動に従事する．これは人間の営みの主要な部分であり，人間が持つ一般的な社会的認知能力によって可能になる．共同行動を成功させるためには，コミュニティの文化の伝統の資源を活用しなければならない．コミュニケーションは，この共同行動を調整するために人間が行うものである．しかし，他者の心を読むことができないため，人間は言語を使用してコミュニケーションの行為を調整する．言語は文化伝統の主要な資源であり，コミュニティの一部でもある．認知言語学を社会的な認知に拡張することで，言語の人類における役割の本質についての理解を進展させる役割を果たすことができるとクロフトは考える．

「ことばと文化」という視点では，最も重要な社会的相互行為，コミュニケーションの調整装置の 1 つとされる慣習が，文化，および文化伝達の基本原理として捉えることができる論考である．

第 8 節
文化進化論

最後に文化進化論と呼ばれる「文化」への新しいアプローチで締めくくろう．

ここでは Mesoudi（2011）の概略を見ることでその研究の意義を考えてみよう（Henrich（2015）も同様の議論である）．メスディ（Alex Mesoudi）は，「文化とは，模倣，教育，言語などの社会的伝達メカニズムを通じて他の個体から獲得される情報である」と定義する．文化進化論は，文化の差異や動態を生物進化のアナロジーで説明しようとする．道具として使われるのが Mesoudi（2011）の副題にもなっているダーウィンの進化論である（ネオダーウィニズムではない）．全体の議論としては，個体レベルでの「小進化」のプロセスをもとに集団レベルの「大進化」のパタンを説明しようとするものである．様々な数理モデル，先端的な統計手法を用いて言語，宗教，土器，民話，食慣習などがデータ解析されており，いわば，自然科学と社会科学との融合，もしくは社会科学の諸領域の統合の試みとも読める議論が展開されている．メスディは文化がどのように進化し，人間集団の中で広がっていくのかを理解することに焦点を当てており，その議論は進化人類学と進化心理学のより広い枠組みの中に位置づけられるだろう．

　彼は，社会的学習，模倣，教授を含む文化伝播のメカニズムとして，個人がどのようにして社会集団内の他者から文化的知識や慣習を獲得するのかを論じている．集団内および集団間の文化的特徴や慣習の差異についても，地理的要因，生態学的要因，社会的要因など，文化的多様性に寄与する要因を検証し，文化の革新や改良が何世代にもわたって蓄積されていく過程に着眼し，累積的文化が起こり得る条件と，人間社会にとってのその意味を探究している．さらに，協力，社会規範，交配相手の選択など，人間の行動の様々な側面に文化的進化が与える影響にまで彼の議論は及んでいる．流行，公共政策，宗教の広がり，市場における群れ行動など，幅広いトピックを取り上げながら，人間の文化がそれ自体，変異，競争，遺伝というダーウィンの重要なメカニズムを示す進化のプロセスであることを示そうとしている．数学的・計算モデルを用いた文化進化の過程のシミュレーション，分析に基づいて，文化が時間とともにどのように変化するかを理解するために，文化的選択，革新，伝達の忠実性などの要素を組み込んだモデルである．

　メスディの研究は，文化進化学と文化人類学の橋渡しをし，伝統文化と現代文化の研究に洞察を提供し，「ことばと文化」の新境地を示しているといえよう．

推薦図書

　認知科学以前／以外の言語学における「ことばと文化」については，言語学，英語学など
の入門書，概説書に譲ることにする．翻訳を含めた和書に限っていうなら，いずれも本章中
で言及したものだが，マイケル・トマセロの『心とことばの起源を探る―文化と認知』[大
堀ほか（共訳），2006] からは，認知科学的な「ことばと文化」研究の基盤をなす考えを知
ることができるだろう．また，より新しい時代の「ことばと文化」研究の道筋を感じさせる，
第8節で扱ったアレックス・メスディ『文化進化論―ダーウィン進化論は文化を説明できるか』
[野中（訳）・竹澤（解説），2016] はこれからの時代の人文社会科学を学ぶ人たちに興味を持っ
てもらえるのではないかと思う．

文　献

Blum-Kulka, S. et al. (eds.) (1989) *Cross-Cultural Pragmatics: Requests and Apologies*,
　　Ablex.

Brown, P. and Levinson, S. (1978) Universals in Language Usage: Politeness Phenomena.
　　In E. Goody (ed.) *Questions and Politeness: Strategies in Social Interaction*, pp. 56-310,
　　Cambridge University Press.

Brown, P. and Levinson, S. C. (1987) *Politeness: Some Universal in Language Usage*, Cam-
　　bridge University Press. [田中典子ほか（訳）(2011)『ポライトネス―言語使用における，
　　ある普遍現象』研究社.]

Chafe, W. (1980) *The Pear Stories: Cognitive, Cultural, and Linguistic Aspects of Narrative
　　Production*, Ablex Co.

Chomsky, N. (1957) *Syntactic Structures*, Mouton de Gruyter.

Croft, W. A. (2009) Toward a Social Cognitive Linguistics. In V. Evans and S. Pourcel
　　(eds.) *New Directions in Cognitive Linguistics*, pp. 395-420, John Benjamins.

Du Bois, J. W. (1987) The discourse basis of ergativity. *Language* **63**(4): 805-855.

Enfield, N. J. (2013) *Relationship Thinking: Agency, Enchrony, and Human Sociality*, Ox-
　　ford University Press. [井出祥子（監修），横森大輔ほか（訳）『やりとりの言語学―関
　　係性施行がつなぐ記号・認知・文化』大修館書店.]

Everett, D. (2008) *Don't Sleep, There are Snakes: Life and Language in the Amazonian
　　Jungle*, Pantheon Books. [屋代通子（訳）(2012)『ピダハン―「言語本能」を超える文化
　　と世界観』みすず書房.]

Foley, W. (1997) *Anthropological Linguistics: An Introduction*, Blackwell.

Georgakopoulou, A. and Spilioti, T. (eds.) (2015) *The Routledge Handbook of Language and
　　Digital Communication*, Routledge.

Grice, H. P. (1975) Logic and Conversation. In P. Cole and J. L. Morgan (eds.) *Syntax and
　　Semantics, Vol. 3: Speech Acts*, pp. 41-58, Academic Press.

Hall, E. T. (1959) *The Silent Language*, Doubleday & Company. [國弘正雄ほか（訳）(1966)
　　『沈黙のことば―文化・行動・思考』南雲堂.]

Hall, E. T. (1966) *The Hidden Dimension*, Doubleday & Company. [日高敏隆・佐藤信行（訳）

(1970)『かくれた次元』みすず書房.〕

Hall, E. T. (1976) *Beyond Culture*, Anchor Books/Doubleday.〔岩田慶治・谷　泰（訳）(1993)『文化を超えて』阪急コミュニケーションズ.〕

Hall, M. R. and Hall, E. T. (1975) *The Fourth Dimension in Architecture: The Impact of Building on Behavior*, Sunstone Press.

Harder, P. (2010) *Meaning in Mind and Society: A Functional Contribution to the Social Turn in Cognitive Linguistics*, Mouton de Gruyter.

Henrich, J. (2015) *The Secret of Our Success: How Culture Is Driving Human Evolution, Domesticating Our Species, and Making Us Smarter*, Princeton Univ Press.〔今西康子（訳）『文化がヒトを進化させた—人類の繁栄と〈文化–遺伝子革命〉』白揚社.〕

Hollmann, W. B. (2013) Construction in Cognitive Sociolinguistics. In T. Hoffman and G. Trousdale (eds.) *The Oxford Handbook of Construction Grammar*, pp. 491-509, Oxford University Press.

井出里咲子ほか (2019)『言語人類学への招待—ディスコースから文化を読む』ひつじ書房.

Ide, S. (1989) Formal forms and discernment: Two neglected aspects of universals of linguistic politeness. *Multilingua* **8**: 223-248.

Imai, M. et al. (2020) Culture, Language, and Thought. In O. Braddick (ed.) *Oxford Research Encyclopedia of Psychology*, Oxford University Press.

今井むつみ・佐治伸郎 (2023)「言語習得研究のこれまでとこれから」『認知科学』**30**(1)：63-73.

井上逸兵 (2017)「字幕・吹替訳ディスコースの社会言語学—ポライトネス研究の一展開」井上逸兵（編）『社会言語学』（朝倉日英対照言語学シリーズ［発展編］1）pp. 107-124, 朝倉書店.

井上逸兵 (2021)『英語の思考法』ちくま新書.

Kasper, G. and Blum-Kulka, S. (1993) *Interlanguage Pragmatics*, Oxford University Press.

Lakoff, G. (1977) Linguistic gestalts. *CLS* **13**: 236-286.

Lakoff, G. (1987) *Women, Fire and Dangerous Things: What Categories Reveal about the Mind*, University of Chicago Press.〔池上壽彦ほか（訳）(1993)『認知意味論—言語から見た人間の心』紀伊國屋書店.〕

Langacker, R. W. (1979) Grammar as image. *Linguistic Notes from La Jolla* **6**: 88-126.

Langacker, R. W. (1987) *Foundations of Cognitive Grammar, 1: Theoretical Prerequisites*, Stanford University Press.

Langacker, R. W. (1999) *Grammar and Conceptualization*, Mouton de Gruyter.

Malinowski, B. (1989) The Problem of Meaning in Primitive Languages. C. K. Ogden and I. A. Richards (eds.) *The Meaning of Meaning*, pp. 296-336, Harcourt Brace Jovanovich.〔マリノウスキー，B. (1967)「原始言語における意味の問題」C. オグデン・I. リチャーズ（著），石橋幸太郎（訳）『意味の意味』新泉社.〕

Matsumoto, Y. (1990) Reexamination of the universality of face: Politeness phenomena in Japanese. *Journal of Pragmatics* **12**(4): 403-426.

Mesoudi, A. (2011) *Cultural Evolution: How Darwinian Theory Can Explain Human Cul-*

ture and Synthesize the Social Sciences, The University of Chicago Press. ［野中香方子 (訳), 竹澤正哲 (解説) (2016) 『文化進化論―ダーウィン進化論は文化を説明できるか』 NTT 出版.］

中川　敏 (1992) 『異文化の語り方―あるいは猫好きのための人類学入門』 世界思想社.

小椋たみ子 (2006) 「言語獲得における認知的基盤」 *Japanese Psychological Review* **49**(1): 25-41.

サーサス, G. ほか (著), 北沢　裕・西阪　仰 (訳) (1989) 『日常性の解剖学―知と会話』 マルジュ出版.

Sacks, H. et al. (1974) A simplest systematics for the organization of turn-taking for conversation. *Language* **50**: 696-735.

Salzmann, Z. (1998) *Language, Culture and Society*, Avalon Publishing.

渋谷良方 (2021) 「認知言語学の社会的転回―言語変異と言語変化の問題を中心に」 児玉一宏・小山哲春 (編) 『認知言語学の最前線―山梨正明教授古希記念論文集』 pp. 335-360, ひつじ書房.

Society for Linguistic Anthropology.
　　https://www.linguisticanthropology.org/ (最終アクセス日：2024/7/19)

鈴木孝夫 (1973) 『ことばと文化』 岩波新書.

Talmy, L. (1978) The relation of grammar to cognition: A synopsis. *Proceedings of TINLAP* **2**: 14-24.

Talmy, L. (1988) Force dynamics in language and cognition. *Cognitive Science* **12**(1): 49-100.

Thompson, S. (1997) Discourse Motivations for the Core-oblique Distinction as Language Universal. In A. Kamio (ed.) *Directions in Functional Linguistics*, pp. 59-82, John Benjamin.

Tomasello, M. (1999) *The Cultural Origins of Human Cognition*, Harvard University Press. ［大堀壽夫ほか (共訳) (2006) 『心とことばの起源を探る―文化と認知』 勁草書房.］

Tomasello, M. (2003) *Constructing a Language: A Usage-Based Theory of Language Acquisition*, Harvard University Press. ［辻　幸夫ほか (訳) (2008) 『ことばをつくる―言語習得の認知言語学的アプローチ』 慶應義塾大学出版会.］

Whorf, B. L. (1956) *Language, Thought, and Reality: Selected Writings of Benjamin Lee Whorf*, MIT Press. ［池上嘉彦 (訳) (1993) 『言語・思考・現実』 講談社学術文庫.］

Wierzbicka, A. (1987) *English Speech Act Verbs: A Semantic Dictionary*, Academic Press.

Wierzbicka, A. (1991) *Cross-cultural Pragmatics: The Semantics of Human Interaction*, Mouton de Gruyter.

横森大輔 (2018) 「会話分析から言語研究への広がり―相互行為言語学の展開」 平本　毅ほか (編) 『会話分析の広がり』 pp. 63-96, ひつじ書房.

第4章

大月　実

ことばとユーモア

◆ キーワード
ユーモア，笑い・微笑，発見的認知，優越説，不一致説，エネルギー（解放）説，反転理論，認知シナジー，一般言語ユーモア理論，言語文化による笑いの差異，笑い・微笑による状況創出

　笑いは，言語と同じく，ヒトに普遍的に見られるものであり，その解明は，「人間とは何か？」という問いにもつながる重要なトピックである．本章では，いわゆるユーモアも含めて，笑いに関する諸説を概観するとともに，従来説の問題点，見落とされている視点を指摘して，今後の研究の可能性を示す．

　第1節から第3節にかけては，まず「笑い」の起源と進化についての研究を概観し，さらに古代ギリシアから現代に至るまでの代表的な諸説・理論を批判的に検討する．第4節から第5節にかけては，言語を使った笑い・可笑しみの仕組みについて概説する．さらに，笑い・ユーモア研究に必要な枠組みを提示しつつ，今後の発展への展望を拓くものである．

|||||||||||||||||||||||||| **第1部　現在までの流れ** ||||||||||||||||||||||||||

第1節
ユーモア，笑いについて

　今日，英語の humour に対して日本語では「ユーモア」という言い方をするが，これは英語の一昔前の発音に基づいている．明治初頭の日本語の表記にはゆれがあって，夏目漱石も，『吾輩は猫である』（1906年）では「ユーモア」という形を使っているが，『文学評論』（1909年）では「ヒューモア」，『思ひ出す事など』（1910〜1911年）では「ヒューモー」というように，ゆれが見られる[1]．これがやがて「ユーモア」に落ち着くのである[2]．その定義は，河盛（1969）も認めているように困難ではあるが，漱石は「ヒューモアとは人格の

---

1) 『日本国語大辞典 第二版』（小学館）．
2) Mugglestone（1995）によると，19世紀後半，イングランド銀行理事であったアルデンハム男爵は，そのhを読まないhumourの発音が時代遅れであるとOED（Oxford English Dictionary）の編者から指摘を受けている．

根底から生ずる可笑しみであるという事になりはせぬかと思ふ」（『文学評論』）と指摘している．人間味ということで，いかにも人間らしい，また，ある人に関して述べる場合は，その人らしさを感じさせるものという意味合いが含まれているといえよう．

　定義の問題はさておき，humour (humor) は，もともと古代医学における「四体液説」の4種の「体液」を指した．そこから（四体液の割合によって決まると考えられた）「気質」，さらに一時的な「気分」を指すようになり，「滑稽，ユーモア」の意味が出てくるのは17世紀後半からにすぎない（*OED* での初出例は1682年）[3]．したがって，現代の限定的な意味での「ユーモア」に関する考察の歴史は長くない．諸言語の humour におおよそ相当するとされる語彙も，それぞれに微妙に，または相当に意味合いが異なっており，また歴史的にも意味が変遷している．近現代のユーモアに関わる言説も，古代から様々な観点により扱われてきた「笑い」に関する議論を踏まえたものであり，ユーモアやウイット，エスプリなどの細かい区別なく，笑いや滑稽さ一般について述べることが一般的である．本章では，ユーモアも含めた笑い・可笑しみ一般に関して，古代における哲学的な考察から，現代の言語学的，認知的な理論に至るまで膨大な諸説の中から精選しつつ，簡潔にその概要を示すとともに，その内容を批判的に検討する．またそうすることで，笑い・ユーモアという，多面的，多元的，多重的な対象の本質に近づくことが可能となるであろう．

第2節
「笑い」の起源と進化

　アリストテレスは，「動物の中で笑うものはヒトだけである」（『動物部分論』673a）としたが，はたしてそうだろうか？　動物における笑いに関して，ダーウィン（Darwin, 1872）は，ヒトと動物の表情に関する著作の中で，チンパンジーなどの類人猿が，ヒトと似たような喜びの声や表情を示すことを指摘している．くすぐられるとクック笑いや高笑いをしたり，美味いものを与えられると人間と似た満足の微笑を浮かべたり，仲直りした後にヒトが心から喜ぶときと似た表情を示すなどである（実際，今日では，様々な動物が笑うこと（また，

3）　全体的に，生理から心理へ，さらに間主観的な性質へ向かう意味変化が見てとれる．

ユーモアのセンスを持っていること）が知られている（Recio, 2017））．

ダーウィンの著書が出てからちょうど100年後，オランダの動物行動学者ファンホーフ（フーフ）(van Hooff, 1972) が，笑いの系統発生モデルを提唱した．ファンホーフは，「声を伴う笑い（laughter）」と「微笑み（smiling）」は，(Spencer (1860)，Darwin (1872)，Koestler (1949) などが唱えた) 量的な程度差ではなく，質的に異なっているとした．「声を伴う笑い」は，子どものサルが遊び（したがって本気で相手を攻撃はしない）の中で示す「遊びの表情（プレイフェイス，play-face）」に由来する（しばしばプレイパント（play panting) と呼ばれる，「アー，アー，アー……」や「アーハー（ッ）ハー（ッ）」のような声を伴う[4]）．一方，声を出さないで歯を見せる「微笑み」は，劣位のサルが優位のサルに会ったときに，恐怖や服従，また敵意のないことを示す「劣位の表情」に由来する，としたのである．前者がヒトの「快の笑い」に，後者が「社交性・友好性の笑い」に進化したとされる．

ここで注目すべき点は，劣位の表情が，声を伴わないことである．本来，歯を見せる行為は，声（唸り声）を伴うと怒りや攻撃の意思表示，威嚇である．歯を見せながらも声は伴わないということで，攻撃の意思のないことを表しているのである[5]．

---

4) Provine (2001) は，笑い声を言語進化の前段階とした．なお，息がコントロールできる動物は限られている．声を出す笑いは，息を吸った後，息を止め，その後息を吐きながら笑うことになる．多くの動物は，微笑んでも，声を出して笑ったりはしない．声を出して笑う動物は息が止められる必要があることが予想される．呼吸の基礎の上に発声があり，発声がその人らしさを表す（声帯模写なども，発声によるものであり，調音の仕方を変えているわけではない）．言語と人間ということを考えると，調音だけではなく，その基盤となる呼吸，そして個人の識別特徴でもある発声を考慮に入れないといけない．なお，McNeilage (1998) は，哺乳類における音声産出の進化に，呼吸（respiration）＞発声（phonation）＞調音（articulation），という3段階を設けている．

5) この表情は，敵意や苦痛を逆転させたものである．ちょうど握手のように，手の内側を見せることで武器を持っていない（攻撃の意思がない）ことを示すようなものである（ただし握手の起源に関しては異説もある）．また，Ohala (1994) によると，無言で歯を出す，口角を引き上げた表情では，高めの周波数の声になり，口を閉じた怒りや威嚇の表情の場合の低音とは異なる（同様の目的で口を開けて歯を見せる場合もある）．ヒトの場合でも，高い声の方が宥和や弱さと結びつきやすく，低い声は威嚇，警戒と結びつくことがある（オペラでも，ほとんどのヒロインはソプラノで，アルトは悪女や魔女が多い．バスには，色々な役柄があるが，悪魔や恋敵の声種でもある．ディズニーのアニメでは，基本的にプリンセスはソプラノ，プリンスはテノールである）．言語が，視覚ではなく音声・聴覚を基本とすることとも関連していると考えられる（Hockett, 1960；Hockett and Altman, 1968）．なお，Gervais and Wilson (2005) は，ヒト科において自然な笑い

第1部　第2節　「笑い」の起源と進化　　　65

　ただ，ファンホーフのモデルですべての種類の笑い[6]の起源が説明できるわけではない．例えば，ヒトやチンパンジー，ニホンザルの新生児が，外的・内的要因がなくレム睡眠中に見せる「自発的微笑」（新生児微笑）などは説明が困難である．川上（2009）は，受胎23〜30週のヒトの胎児にも自発的微笑の観察されることを報告している．正岡（1994）によると，微笑は出生まもない新生児でも観察されるが，声を伴う笑いは生後4か月ごろまで待たないと出てこない．個体発生が系統発生を繰り返すとすると，微笑の方が声を伴う笑いに先行しているといえよう．

　この自発的微笑は，進化の原理から考えると，養育者に対して養育を促進するための，進化論的に獲得した態度である可能性がある．あらゆる動物の子どもは，基本的に（小さい，丸いなど）かわいくできている．それを養育者（親など）がかわいいと思って愛情を注ぎ，また赤ん坊が笑うと幸せを感じるのである．眠っているときに他の動物などが攻撃してこないように（逆に他の動物が赤ん坊を育てるケースもある），進化論的に獲得した（つまり，結果的にそういうものが生き残った）と考えることができよう．劣位の表情に由来するとされる（覚醒時の）「社会的微笑」も，養育者に対する自発的微笑も，ともに社会的であるといえる．

　笑いと微笑みは，心理的であるとともに社会的な性格（個体間の優劣関係，親疎関係）を強く持っている．またそうであるからこそ，社会文化差や個人差も少なくなく，その必要十分条件を規定することは困難である．同じ冗談で皆が笑うわけではない．文化や時代が異なれば，何がおかしいのか分からない話も少なくない．笑いの本質について考察したカントは，ある商人が暴風雨で積み荷をぜんぶ海に投げ捨てなければならなくなり，悲嘆のあまりカツラが一夜

（Duchenne laughter）からユーモア，さらに作り笑い（non-Duchenne laughter）や他の笑いに至る進化の道筋を仮説している．また，Graziano（2022）は，微笑，笑い，泣くことについて共通の基盤からの説明を試みている．

6)　笑いの分類は研究者により多様であるが，志水（2000）は，「快の笑い」「社交上の笑い」「緊張緩和の笑い」に三区分し，さらにそれぞれに下位区分を設けている．また，Giles and Oxford（1970）は，包括的なリストではないとしながらも，互いに排他的な7つの条件のもとで笑いが発生するとして，「滑稽」「社会的」「無知」「不安」「あざけり」「弁解」「くすぐり」を挙げ，これらの状況が進化的に相互に関係している可能性を示唆している．

にして白髪になったジョークを紹介しているが，現代人から見れば特におかしいとは感じられない話である．しかし，カツラをかぶる習慣のあった当時の人々には，現代人とはまた違った滑稽さが感じられたものと思われる[7]．いずれにせよ，ユーモアや滑稽さは，笑いと微笑みの両方に関わり，単純に単一の起源と結びつけることは困難であろう．

第3節
「笑い」の研究小史：その概要と批判的検討

　笑いは，極めて多様であり，その全体像を捉えにくいところがある．従来，人が笑ったり，あるいは滑稽さを感じる条件に関して，いわゆる三大学説に分けることがよく行われている．学説の分類法も，またそれぞれの説の呼び名も様々であるが，ここでは，「優越説」「不一致説」「エネルギー（解放）説」としておく．ただ，様々な説は，この三類型にきれいに収まるわけではなく，笑いの異なる側面を捉えたり，異なる種類の笑いを念頭に置いて唱えられている場合もある．ここでは，古代からの代表的な諸説，見解，知見などを振り返り，あわせて現代における代表的な諸説を紹介しつつ，さらなる展望を示したい．

　さて，今日，ユーモアや笑いは，その肯定的な面が強調されているが，思想史的にはむしろ否定的に捉えられてきた．プラトンの対話篇においても，そこに出てくる笑いの類は，ほとんど冷笑，嘲笑である．

> ソクラテス「したがって，われわれが友人の滑稽な点を笑うのは，他方からみれば，嫉妬の情に快感を混入しているわけで，つまりはその快を苦に混合していることになる（中略）嫉妬はたましいの苦痛であり，笑うことは快なのであるが，この二つがこの時には同時に起っている［ママ］.」
>
> 　　　　　　　　　　　　　　　　　　　　　　　（『ピレボス』48a-50b）

また，「一般的に，滑稽さは，ある種の悪，特に悪徳である」（『ピレボス』48a-50b）とし，喜劇を「平均未満の人間の模倣」と位置づけている．

　プラトン同様，アリストテレスにも，笑いに特化した著作はないものの，そ

---

7) チャップリンの喜劇映画なども，観客が皆一様に反応するわけではない．また現代人には，時代やテンポの違いもあってか，ある程度の滑稽さは感じても，特段可笑しいと感じるほどではない場合がある．使われている手法の多くが一般的になり，現代では新規性を失っていることもあるであろう．笑いの個人差（性格，階級など）に関しては色々な研究がある．

第1部　第3節　「笑い」の研究小史：その概要と批判的検討　　67

の様々な指摘は，経験的な観察を踏まえており，深い洞察を示すものである．

「悲劇が人の心を動かすにあたって最も大きな役割を果たす二つの要因，すなわち逆変転と発見的認知とは，いずれも筋の要素にほかならない」（『詩学』第六章 1449a30）．「逆変転」（どんでん返し）とは，「劇中の行為の結果がそれまでの成り行きとは反対の方向へと転換すること」（『詩学』1452a22）で，「発見的認知」というのは，「知らずにいて何ら認めもしていない状態から何ごとかを発見して認め知る状態へと意識が転換すること」（『詩学』1452a30）である．この「逆変転」と「発見的認知」は，ここでは悲劇についての記述ではあるが，まさに笑いの重要な要素でもある．悲劇と喜劇は，異なる効果を生み出すものであるが，共通の手法を使っているといえよう．また，同音異義語を使ったダジャレ（「海の支配は，禍の初めではない」）に関連して，「同名異義的にせよ，比喩的にせよ，持ち出した詞が適切であるなら，その時には「うまさ」がある」（『弁論術』III 11 1412b）と述べている．

ところで，ギリシアの思想と並んで，西洋思想のもう1つの源泉であるヘブライの信仰（およびキリスト教）では，笑いをどのように捉えていたのであろうか？　実は，聖書に出てくる笑いも，そのほとんどは嘲笑的，冷笑的なものである．

「見よ，彼らはその口をもってほえ叫び，そのくちびるをもってうなり，「だれが聞くものか」と言う．しかし，主よ，あなたは彼らを笑い，もろもろの国民をあざけり笑われる」（『詩編』第 57 編 7-8 節［新共同訳］）．Gilhus（1997）によると，旧約の神の笑いは，他のどんな宗教の神よりも，嘲笑的である．一方，人間の笑いは，愚かさの表れでもある．「悲しみは笑いにまさる．顔に憂いをもつことによって，心は良くなるからである．賢い者の心は悲しみの家にあり，愚かな者の心は楽しみの家にある」（『伝道の書』第 7 章 3-4 節［新共同訳］）．

むしろ地上での悲しみが天国での笑い・喜びにつながると考えられた．「あなたがたいま泣いている人たちは，さいわいだ．笑うようになるからである」（『ルカによる福音書』第 6 章 21 節［新共同訳］）．

笑いに対するこのような（少なくとも地上における）否定的な姿勢は，のちのキリスト教においてさらに強化されることになり，それは修道院における生

活・道徳規範などにも現れている．このように，笑いがしばしば否定的に扱われてきたのは，笑いというものが宗教の持つ厳格さに反するとみなされてきたという面がある．旧ソ連で政治的なジョークが盛んになったが，それを権力者は喜ばないわけで，同じように笑いは宗教からするとやはり喜ぶべきものではないとみなされ，しばしば否定的に扱われてきたという背景がある[8]．

しかし，ユダヤ教やキリスト教が常に笑い・ユーモアを否定的なものとして抑圧してきたわけでは決してない．Dijkstra and van der Velde（2022）は，イスラム教，仏教，ヒンドゥー教も含めて，その初期の形成段階におけるユーモアの役割を探究している．また，デーケン（1995）によると，カトリックの聖人の多くは，優れたユーモアのセンスの持ち主であり，大変陽気な人たちであった．『ユートピア』を書いたトマス・モア（St. Thomas More）のPrayer for Good Humour（ユーモアのための祈り）の一節も有名である．「主よ，私にユーモアのセンスと，冗談を解する恵みをお与えください．人生においてささやかな喜びを見いだし，それを人に伝えることができますように.」

では，次に，笑いに関する代表的な学説をいくつか見てみよう．まずは，「優越説」と呼ばれるものである．

（a）優 越 説

優越説は，笑いが，自分が相手に対して優位に立っているという，突然の認識から来るというものである．他者に対するあざけり，嘲笑，冷笑といった笑いは，古今東西，広く観察される[9]．いわゆるエスニックジョークにも，ターゲットとなった民族や人種を嘲笑するものが少なくない．例えば（以下の「○○人」には，具体的な民族名，人種名が入る），

「自転車に乗った○○人の少年のことを，なんて呼ぶか知っている？」
「知ってるよ！ ドロボーーッ!!」[10]

---

8) 宗教，宗派によっては，歌舞音曲など，およそ人が楽しむものを否定するという場合もある．また，いわゆる奢侈禁止令も，洋の東西を問わず出されており，いわば抑圧者側の観点からは，贅沢やお笑いは，しばしば好ましからざるものとして扱われてきた.

9) 優越しているときには嘲笑，冷笑が起きるが，もし相手に対して親近感があれば人間味が出るわけで，相手に対する優位・劣位，親近感の有無など，笑いには社会的な関係という軸がある.

10) 国によってターゲットとなる人種，民族は異なる．また，その内容が通常は口にすることをはばかられるようなことである場合は，後で述べる「エネルギー解放説」がむしろ当てはまることに

というジョークは，○○人にはドロボーが多いというステレオタイプの通念・偏見をもとにしたもので，対象を嘲笑することで自ら（とその属する民族，人種）を優位に立たせている[11].

ホッブズ（Hobbes, 1651）は，その政治哲学の書，『リヴァイアサン』［水田（訳），1954］の中で，人間の様々な感情について分析し，笑いに関しては，次のように述べている.

> とつぜんの得意は，笑いLAUGHTER とよばれる顔のゆがみ *Grimaces* をおこさせる情念であり，それは，自分のあるとつぜんの行為によろこぶことによって，あるいは，他人のなかになにか不恰好なものがあるのを知り，それとの比較でとつぜん自己を称讃することによって，ひきおこされる.　　　　　　　（『リヴァイアサンⅠ』「第一部　人間について」）

笑いを，典型的には，他人との比較による突然の自己称讃によるとしており，いわゆる「優越説」の代表者と呼ばれるゆえんである.しかし，ホッブズ自身は，自身の考えを笑いの理論として提唱したわけではなく，反対者らがそのように呼んだだけである.つまり，一種のあだ名としての命名であった.また，ホッブズは，「自分のあるとつぜんの行為によろこぶことによって」ともあるように，笑いを他人との比較による自己称讃だけに限定しているわけではない.

(b) 不一致説

不一致説は，社会的関係というよりは予想に関係するものである.人間は常に予想しながら生きているが，予想されるとおりの展開には笑わない.予想・期待される方向性とは異なる意外な，意表を突いた展開，結末に笑うのである.意外さは滑稽さにつながる.

「かあちゃん，吸血鬼って，なんのこと？」
「黙って，凝固する前に飲みなさい……」　　　　　　（Nègre, 1973［筆者訳］）

何のことか尋ねるということは，その存在について知らないことを通常は含意するが，その予想を裏切っているのである.

なる.

11)　いわゆるエスニックジョークがすべてそうであるというわけではない.多くはそれをネタやダシにすることで滑稽さを生み出しているのである（デイビス・安部，2003）.

カント（Kant, 1790）は、「笑いとは、ある張りつめた期待が突然無に転化することから生じる情動である」［牧野（訳）, 1968：第一部第一編第五十四節］と述べている．ショーペンハウアー（Schopenhauer, 1819）も、「笑いが生じるのはいつでも、概念と、なんらかの関係においてこの概念によって思考された実在の客観とのあいだにとつぜん認められる不一致からにほかならず、笑いはそれ自身、まさにこの不一致の表現にほかならない」［斎藤ほか（訳）, 1972：第13節］としている．優越説が社会的、心理的であるのに対して、不一致説は認知的、心理的といえよう．

今日、笑いについての代表的な著作の1つと目されるベルクソン（Bergson, 1900）の説も、不一致説の系列とみなすことができる．ベルクソンは、次のように述べている．

　　往来を走っていた男がよろめいて倒れる．すると通りがかりの人びとが笑う．もし彼が急に出来心で地上に座る気になったのであると想像することができるとしたなら、おもうに人は彼を笑わないであろう．（中略）石が多分道にあったのだ．歩き方を変えるか、さもなければその障碍物を避けて通るべきだったのだ．けれども、しなやかさに欠けていたせいか、うっかりしていたせいか、それともからだが強情を張っていたせいか、こわばり、もしくは惰力のせいで、事情がほかのことを要求していたのに、筋肉が依然として同じ運動を行うことを続けていたのである．それゆえ彼は転んだのであり、そのことを通行人が笑うのである．　　　［林（訳）, 1976］

滑稽さは、生の機械化、自然的なものに何らかの人為的なものが置き換えられることが関与しているとされ、生命のしなやかさの欠如、機械的なこわばりを矯正するものが、笑いなのである．一方で、ベルクソンの理知的な笑いは、しなやかさの欠けたものを笑いものにするという点では、多分に優越説的な性格を有している．それは、のちにバフチン（Бахтин, 1965）によって描かれた、中世のカーニヴァルに見られるような、皆が皆を笑う、相対的で両義的（否定的かつ肯定的）な笑いとは異質なものである．

さて、上記カントの引用文中、「ある張りつめた期待が突然無に転化することから生じる情動」というのは、まさに緊張緩和であり、次で述べる「エネルギー（解放）説」につながるものである．

(c) エネルギー（解放）説

エネルギー（解放）説は心理的，生理的な理論であり，（落語家の桂枝雀のよくいっていた）いわゆる緊張緩和の笑いもここに入る．社会ダーウィニズム（社会進化論）の提唱者として知られるスペンサー（Spencer, 1860）は，その「笑いの生理学」と題する記事の中で，経験的な観察を踏まえてエネルギー解放説を唱えている．その特徴は，不一致説の修正と，心的エネルギー概念を理論に導入したこととに特にあるといえよう．

スペンサーは，すべての不一致が笑いを呼ぶわけではなく，意識が大きなものから，小さいものに不意に移されるときにのみ笑いが生じるとした（「下降性の不一致（descending incongruity）」）．この下降性の不一致により，より大きなものに対して発生したエネルギーがより小さなものに対して余剰が生じ，その行き場を失った過剰なエネルギーが放出されて笑いを生み出すとするのである．

このスペンサーのエネルギー解放説は，フロイトによって継承・発展される．先に述べたベルクソンの著書の5年のちに，フロイト（Freud, 1905）は，その精神分析の理論に基づいた笑い論を世に出した[12]．両者はともにユダヤ系であったが，他のどんな民族よりもジョークを日常に取り入れている民族[13]の中から笑い・ユーモアの理論が提示されたのである．フロイトは，「われわれは，それまである心的な通路への給付に使われていた心的エネルギーの量が使用不可能となり，それによってこれが自由に排出されることができるようになるときに，笑いが生ずると言おうと思う」[懸田ほか（訳），1970]と，述べている．

フロイトは，「無害な」ジョークと「傾向的」ジョークの区別を設けている．前者は自己目的的で，特定の意図に貢献しないが，後者はある意図に貢献するものである．両者とも技法的には同じものを使うが，内容的には，後者は典型的には直接口にすることがはばかられるような（敵意があったり，卑猥だったりする）もので，それを表現するのに社会的な制限がある．しかし，Billig（2005）

---

12) フロイトは，ベルクソンを批判するというよりは，むしろ評価し，ベルグソンの指摘したことを受けて，さらに探究を進めているテーマもある．

13) Berger（2006）によると，1970年代の米国で成功を収めたお笑い芸人や作家の80%がユダヤ系であったという統計がある．

によると，フロイトの挙げている例は，結局，「無害な」ものは1つもなく，すべて「傾向的」であるとしている．

Eine zweischläfrige Frau–Ein einschläfriger Kirchenstuhl「二人で寝られる女—一人で寝られる教会の椅子」（zweischläfrig は，「（ベッドなどが）二人用の」，einschläfrig は，単独では「睡眠を誘発する」の意味[14]）という例について，フロイトは，「この背後にはベッドとの比較が秘められており，いずれにおいても困惑させるほかに，当てこすり（ほのめかし）の技法的要因がともに働いている．一方は説教の眠気を催させる作用，他方は性的関係という汲みつくされることなきテーマへのほのめかしである」[懸田ほか（訳），1970]と述べている．

抑圧されている下位者にとっては，「抑圧からの解放」としてのジョークがある．また抑圧でなくとも，性的なことなど社会的制約がある場合（みだりにいってはならないなど），「制約からの解放」としてのジョークがあり，いずれも（権力者や上位にある者にとっては）「有害な」笑いにつながる．単なる言葉遊びであれば「無害なジョーク」であろうが，社会的関係や制約をひっくり返すようなものであれば，（政治的，宗教的，性的などの意味で）「有害なジョーク」とみなされる．ここでは，権力者に対する当てこすりなど，連想も重要な役割を果たす．Dundes（1987）の指摘するように，どのようなものがタブーであっても，タブーであるがゆえにそれはジョークのトピックになり得るのである．

また，フロイトは，ジョークの言語的な分析も多数行っており，形式と意味の両方の観点から，「機知の技法」を以下のようにまとめている（Freud, 1905[懸田ほか（訳），1970]）．

Ⅰ 圧縮

（a）合成語形成による，（b）修正による

Ⅱ 同一素材の利用

---

14) 同僚の日独関係史，日独対照語彙の研究者クリスティアン W. シュパング（Christian W. Spang）氏（個人的談話）によると，現代ドイツ語ではどちらの形容詞も一般的に使われている語彙ではない．

(a) 全体と部分，(b) 順序の変更，(c) 僅かな修正，(d) 同一語の十全な意味と空疎な意味

III 二重語義

(a) 名前と事象の意味，(b) 比喩的意味と事象的意味，(c) 本来の二重語義（言語遊戯），(d) 曖昧性（両義性），(e) 暗示的な二重語義

笑いというものの修辞的な側面に光を当てて分析したのは，フロイトの貢献の1つといえよう．

以上，いわゆる三大学説を見てきたわけであるが，土屋（2002）は，それぞれの問題点を以下のようにまとめている（一部，言葉を補った）．

① どの説もすべての種類の笑いを説明するには困難である．つまり，優越説では期待が裏切られたときの笑いの説明が困難であり，不一致説は，他人の愚かさを嘲笑したり，毒舌による笑いを説明するのが困難で，またエネルギー解放説では，期待が裏切られたときの笑いやナンセンスな論理ジョークの説明が困難である．

② それぞれの説が主張する笑いの条件を満たしても笑いが起こるとは限らない，つまり十分条件になっていない．優越説のように，自分の優位に突然気づく場合でも，笑いが起こるとは限らない．不一致説のように期待を裏切っても笑いにつながるとは限らない（クロゼットを開けて骸骨が出てきたら驚愕するが，普通，笑いはしない．予想よりも深刻，重大なものに直面したら，むしろ恐怖や不安をいだく）．また，解放説の主張するように，衝動（食欲や性欲など）を巧みな方法で満たしても，笑うとは限らない．

そして，③ これまでの理論は，笑いに関する事実すべてを考慮しているわけではない．無視されるか，軽視されている事実が多数ある，としている．

笑いに関する学説は多岐にわたっており，諸説はもとより三大学説の分類に収まりきるわけではなく，交叉分類となるものもあり，また統合の試みもある．そのような中で，ここでは，現代の理論として特に2種を取り上げておきたい．

(d) 反 転 理 論

反転（リバーサル）理論（reversal theory）（Apter, 1982）は，もともと英国の心理学者アプター（Michael Apter）が父親の児童精神科医スミス（Ken

Smith）と共同開発した理論である．心理学的な動機づけの理論で，笑いに特化した理論ではない．

　基本的な発想は，人間は，1つの固定した状態にとどまるのではなく，日常的に正反対の状態（例えば，〈まじめ〉と〈ふざけ・たわむれ〉）の間を行き来するのであるということである．人間の経験の4つの側面（手段・目的，規則，処理，関係）に関して，4対の動機づけ状態（目標志向／活動志向，順応志向／反抗志向，支配・優越志向／共感志向，自己志向／他者志向）を設け，これらが状況により反転するとしている．「反転」は，状況や，状況に付与している意味を変えることなどにより起こる．例えばそれまで深刻に捉えていたことが，面白いことに変わったりするのである．

　特に重要な概念として，「認知シナジー（相乗作用）（cognitive synergy）」が挙げられる．これは，同じ対象に同時に，互いに矛盾する2つの性質が付与されるときに生じ，ジョークやメタファで典型的に観察されることである．可笑しみの快は，活動志向状態における高覚醒によって生じ，可笑しみが生ずるための認知評価の条件として，見かけより真相の価値の方が小さいこととしている．ここには，スペンサーの「下降性の不一致」が組み込まれている．今までの諸理論の統合の試みでもある．

　なお，アプターの「反転理論」と同じ年に，木村（1982）は，「統一理論」を目指した論考を発表している．雨宮（2016）によると，両者の共通性は，エネルギー理論の流れの統合化の試みであり，サイバネティクス[15]における情報処理モデルと現象学的観察を結合した点にある．また，差異としては，理論的基盤が，アプターの場合は覚醒水準と快の関連であるのに対して，木村の場合は余剰エネルギー説であることである．木村の仮説は，木村自身も述べているように，生理学的な次元も含み，実験的な研究の可能性を開いているという点でも意義深いものであるといえよう．

　しかしながら，アプターの「反転理論」も木村の「統一理論」も，心的状態やエネルギーなどの記述はできても，ことばを使った笑い・ユーモアの表現の

15）　ノーバート・ウィーナー（Norbert Wiener）が提唱した，動物と機械における通信と制御について統合的に研究する総合科学．ギリシア語の「（船の）舵取り」に因んで命名された．

実際の分析や差異の説明は困難である．そのためには，やはり言語学的なモデルが必要となる．

(e) 一般言語ユーモア理論

一般言語ユーモア理論（general theory of verbal humor: GTVH）は，ロシア出身のラスキン（Raskin, 1985）の立てたスクリプト意味論的ユーモア理論（semantic script theory of humor: SSTH）を踏まえて，アッタルドとラスキン（Attardo and Raskin, 1991）が提唱した理論である．

まず，ラスキン（Raskin, 1985）の立てたスクリプト意味論的ユーモア理論は，特にスクリプト（script）(語を取り巻く，またはそれによって喚起される大きな意味情報のかたまり)，意味のネットワーク，またグライスの「会話の公準」（Grice, 1975）にならった4つの「ジョークの公準」などを含むモデルである．ラスキンは，あるテクストが滑稽（funny）であるための必要十分条件として，次の2つを立てている．

① 当該のテクストは，2つの異なるスクリプトが，全般的もしくは部分的に，両立（compatible）していること．（スクリプト重複）
② 当該のテクストと両立する2つのスクリプトは，反対（opposite）であること．（スクリプト対立）

ここで反対というのは，一方が他方の否定であったり，反義語であるということであるが，ラスキンの挙げている例では，通常の意味での反義語ではなくジョークで多用される社会文化的な価値に関わるもので，名目的，表面的な側面と，実質的な裏の側面の対立を背景にしている．ラスキンが好んで挙げるジョークの例を見てみよう．

"Is the doctor at home?," the patient asked in his bronchial whisper.
"No," the doctor's young and pretty wife whispered in reply. "Come right in."

「先生は，ご在宅ですか？」と，気管支炎の男性患者がささやき声で尋ねた．
「いいえ」と，若くて美しい医者の妻がささやいた．「さあ中に入って．」

このジョークには「医者を訪ねる」というスクリプトと，「愛人を訪ねる」というスクリプトが，これらと両立する "whisper" というテクストの構成要素で

つながっている．患者は普通，医者に会いたくてやってくるわけで，中に入ることを促す誘いのセリフはそれまでの解釈と不一致を起こすが，不倫という解釈によって整合性を得るのである．ラスキンは，新たな解釈に至るまでの推論の筋道を規則によって示している．

このモデルも，2つのスクリプトの間のズレを見ており，不一致説の延長線上にあるといえようが，ラスキンが提示した滑稽の必要十分条件なるものは，実は，すでにベルクソン（Bergson, 1900）が提示した定義の言い換えにすぎないといっても過言ではない．すなわち，ベルクソンは，「系列の交叉（相互干渉）（interférence des séries）」として，「或る情況が全然相独立している事件の二系列に同時に属しており，そしてそれが同時に全然異なった二つの意味に解釈できるとき，その情況は常に滑稽である」[林（訳），1976] と指摘しているのである．

さて，このスクリプト意味論的ユーモア理論を踏まえて，さらに発展させたものが Attardo and Raskin(1991)の一般言語ユーモア理論である．前者がもっぱらスクリプトの対立と重複に関わり，「意味論的」であったのに対して，後者は言語の他の領域にも関わり「言語学的」とされる．ジョークを作る際に「スクリプト対立」以外にも必要な「知識資源（knowledge resources）」を組み込んだ．「知識資源」には6つの階層があり（① スクリプト対立→② 論理的メカニズム→③ 状況→④ ターゲット→⑤ 物語戦略→⑥ 言語(化に必要な全情報))，この6つのパラメタの値でジョークが規定されるとしている（Attardo, 1994 も参照).

この理論に関して，Oring（2019）は，「スクリプト対立」などが適切に定義されておらず，ジョークを担うテクストの同定にも十分ではないとしている．ただ，この理論は，そもそも2つのスクリプトの間の関係をただ「対立」としているだけで，肝心なジョークの本質（発話の「字義」とある特定の方向性を有するその「含意」との関係）が開示されていない．スクリプト意味論的ユーモア理論を踏まえ一般言語ユーモア理論に至るも，依然として理論としての重大な欠点を内蔵しているといわざるを得ない．

以上，笑いに関わる今までの諸説を，古代ギリシアから現代に至るまでかいつまんで紹介した．紙幅の関係上，割愛した人物や内容も少なくないが，一方

で，一般の概説書や論文などでは述べられていない問題点なども指摘した．第
2部では，言語による笑い・可笑しみの仕組み，研究の枠組み，今後の発展可
能性などについて見てみよう．

コラム　言語文化による笑いの差異

　笑いは，広義の社会との関係で出てくるものなので社会により違いが出てく
る．様々な話芸も，言語を使った芸であるため，使用言語や背景となる文化の
違いを反映する．大月（2022）は，いくつかの言語（イギリス英語・アメリカ
英語，フランス語，ドイツ語，ロシア語，ヘブライ語，日本語）における典型
的なジョークの型を，それぞれの言語を使った思考の型の観点から分析し，い
ずれもその言語による思考の特質を活用すると同時に，その思考の特質に対する
反省となっていることを示した．

　典型的に経験論的思考に基盤を置いている英国のジョークでは，それを活用
して，例えば自分の知識を自慢する人間をからかったりする．「おれはサッカー
については何でも知ってるぞ！」—「へー，じゃあ，ゴールネットに穴はいくつ
あるんだい？」例外なくすべてについて知っているというのは合理論的考えで
あるが，経験論では命題に条件を課し，その観察を細部にまで拡張するという
特性がある．意味のない細部の存在を強調することで，思考の再考を促してい
るといえよう．

　また，ロシア語の思考の特徴は，英語，ドイツ語，フランス語の思考に対し
てはアンチテーゼ的であり（Ohtsuki, 2021），西欧的な思考法を避けて，それを
かいくぐろうとするところがある．妻が夫に向かって，「どっちかにして．私を
取るの，それともウオッカを取るの？」—「だけど，ウオッカの量はどのくらい
なんだ？」二元論的な選択を迫られたとき，二元論で直接回答するのではなく，
弁論術でいうところの「角の間をすり抜ける」論法で二者択一をかいくぐって
いるのである．

　このように，それぞれの言語の思考（経験論，合理論，観念論など）をとこ
とん突き詰めていくと破綻してしまうところを，ジョークによって食い止めて
いる．その意味では，ジョークは「思考の安全装置」となっているともいえよう．

第2部　今後の展望

第4節
言語による笑い・可笑しみの仕組み

　世界の諸言語には，言葉を活用した様々なタイプの言葉遊び[16]や，笑い・可笑しみを生み出す多様なジャンルや型，話芸などがあるが，その面白さはどこから来るのであろうか？

　例えば，「だじゃれ」の面白さは，同音（類音）で予想外の意味であることから生まれている．しかも，音についていえば，音そのものではなく，同音を繰り返すなど韻律が関わっている．また意味的には，関連性がありつつも意外性のある組み合わせが面白く感じられる．「皮肉」や「落ち」などの面白さも，予想外の意味・驚きにある．いずれの場合でも，ことばとユーモアは，言語の中核である発音・語彙・文法そのものというよりは，韻律・修辞・談話が関係しているのである．

　さて，第3節で笑いについての諸説を見たが，そこに共通するのは〈逸脱〉ということである．しかも，その逸脱が（少なくともそれを発する人間にとって）何らかの〈含意〉を持っている場合，結果として笑いや可笑しみに通じる．逸脱には，ある種の効果が生まれるが，その効果は，まず〈驚き〉[17]であって，そこにさらにプラスアルファが加わる[18]．また，逸脱した部分に滑稽感があると笑いになる（「笑える」）が，不幸な失敗，気の毒な状況の場合「笑えない」，また単純な間違いの場合「笑わない」といった違いが生じるのである．

　特に互いのやりとりから生み出される笑いには，「攻撃する」「防御する」「驚かせる」といった〈発話行為〉（ことばを発することに伴って遂行される行為）

---

16) 様々な言葉遊びについては，例えば Guiraud（1976），鈴木（1981），滝浦（2005）などが詳しい．
17) 驚きを表す言語表現は様々に発達している．「びっくり！」「うっそーっ！」「ほんまかいな！」「マジかよ（マジっすか）！」など，それぞれに微妙に意味合いが異なる．また，マンガ，アニメなどの登場人物の頻用する表現（赤塚不二夫『おそ松くん』でイヤミが発する「シェー」，水木しげる作品でよく出てくる「ギョギョッ」と，その影響を受けたさかなクンの「ギョギョギョ！」）や特定の芸人に特徴的な表現も少なくない（三波伸介の「びっくりしたなあ，もう」，ハナ肇の「アッと驚く為五郎～」など）．
18) そこにさらに「軽蔑」などが加われば「嘲笑，冷笑」などとなるであろう．

が関係している．ことばを発すること自体で何らかの行為（攻撃・防御など）を行う〈発話内行為〉や，相手に働きかけて何らかの効果，結果をねらう〈発話媒介行為〉もある．さらに，行為以外に〈態度〉の区別が笑いの違いを生み出している．評価として楽観しているのか，立場として余裕があるのか，追い詰められているのか，どういう予想をするのか，などである．

　紙幅の都合により，様々な笑い・可笑しみを生み出す言語表現の特徴づけ，笑いの種別についての説明は割愛するが[19]，ここでは，笑いを研究するための枠組みについて簡潔に述べておきたい．

　まず，動物行動学の知見を踏まえて，「笑い（大笑）」と「微笑み（微笑）」を区別しなければならないが，従来の諸説では，このことは必ずしも明確ではなかった[20]．大笑は動作，微笑は表情に関わるものである．いずれの場合も笑いは表情の歪みを伴うが，それぞれが遊びと屈服という，異なる起源に由来しつつも，ともに社会的なものであることは重要である．

　笑いとそれにまつわるものを総体として捉え，何との関係によるものかを枠組みとして考えると，特に関係するものとして〈感情〉〈感覚〉〈立場〉〈態度〉が重要である．

　最初に，「感情」（喜怒哀楽）との関係では，同じく笑いといっても，怒りを表す笑いは冷笑や嘲笑であり，これは古代ギリシアや旧約の時代の文献に多く見られる笑いである．一方，悲しみ（哀）に関わるのは，小泉八雲の指摘した，夫を亡くした女中の（米国婦人には誤解された）微笑みなどがある（柳田，1979）．無論，楽しい笑いもある．それぞれの感情に笑いがあるのである．

　次に「感覚」との関係では，「快・苦」との関係が重要で，心地よい笑いなのか，苦しい笑いなのかということが挙げられる．「笑い転げる」のは快の笑いであり，「苦笑」は苦しい，苦々しい笑いである．

　三番目に，笑いの対象となる者，それを観察する者との関係で，「立場」の

---

19) （フランス語の）エスプリ（esprit）と（特にイギリス英語の）ユーモア（humour）の違いに関しては，Maurois（1958），河盛（1969）などが優れている．ちなみに，エスプリなどの一矢報いるタイプの笑いに典型的に表れているが，先に攻撃するよりもそれを受けて反撃する方が有利であるのは，武術にも通じることである．

20) 和語でも，声をたてる「わらふ（笑ふ）」と，口元をほころばせる「ゑむ（笑む）」は区別されてきた．

違いがある．優越しているのか，劣位にあるのかという優劣の関係である（また対等もある）．優越の立場にあるものを引きずり下ろすことが可能になるような一時的な状態は，笑いにつながる．あるいは，劣位にあるものが実は劣位ではないという，どんでん返しがあれば，そこに笑いが生ずる．

　四番目に，親愛なのか侮蔑なのか，直接的なのか間接的なのかという，「態度」の違いがある．直接的に感情を表すのではなく，笑いや笑みによって間接的に表すことがあるということである．例えば，ワンマン社長が何か失敗をしでかしたとして，平社員は笑う（大笑する）であろうが，（ゴマをすっている）取り巻き連中は，一瞬大笑しそうになっても，笑いを抑えて苦笑することになろう．ここでは，平社員の態度は直接的であるが，取り巻きの態度は間接的である．

　このように笑いには様々なものが絡み合って両立している．単独ではなく，両立性，複合性があり，それを総体として捉える必要がある．

第5節
課題と展望：笑い・微笑による状況創出，今後の発展可能性

　従来の諸説を全体として見ると，基本的に，何かを見たり聞いたりして結果として生じる笑いを扱っている．笑いの生じる必要十分条件を探る場合も，何を見て（聞いて）人は可笑しいと感じるのか，あるいは実践的に，どうすれば人を笑わせることができるのかという視点である．

　一方で，人は，愛想笑い（霊長目にも見られる）や，客を歓迎するときの笑顔のように，友好的な人間関係や商取引を望んで，あらかじめ笑うことがある．実際にお客さんが来て商品を買ってくれて喜んで微笑むが，それまでは仏頂面をするというのではなく，最初から「買ってくれてありがとう」という顔をすることで，実際に買ってくれる状況を創り出そうとしているのである．

　この〈状況創出〉は，多くの場合，微笑であるが，大笑の場合もある．特に日本の演劇，アニメなどで，ヒーローや敵役などが登場する場合の高笑いというのがある（古典的な例は，映画版・アニメ版の『黄金バット』である）．この笑いは，登場を示しているわけであるが，「自分は勝ったも同然」「お前（ら）はもう負けだ」という心情が現れており，事前に笑っているのである．

　先に微笑む，あるいは笑うことによって，ある効果・結果を招こうとしてい

第2部　第5節　課題と展望：笑い・微笑による状況創出，今後の発展可能性　　*81*

るのである．行動心理学で意図があって行動するのではなく，行動することによって意図が形成されるのと同じように，まず笑いがあってある出来事・状況が生み出されるということがある．笑いによって平和に暮らせるとか，養育してもらえるとか，社交性の笑いは，何かがあって笑うのではなく，笑うことによって状況を創り出そうとしているのである．このことは，今後さらに探究すべき，笑いの重要な性質と考えられる．

　今後の研究には様々な発展可能性があるが，その1つとして，笑いと武術などの身体操作との関連性について指摘しておきたい．具体的には，お笑いの話芸と大東流合気柔術との大きな類似性が挙げられる．一般に「柔よく剛を制す．剛よく柔を断つ」[21] といわれるが，その柔の技を極限にまで進めたのが大東流合気柔術（の諸流派）の「合気」を軸としたもの[22] である（その技の要諦については天野（2023）に詳しい）．そこで重要なのはタイミングと呼吸であり，技を効果的にかけるには相手の気に合わせることが必要である．多種多様な技は，基本的に「合気上げ」と「合気下げ」という逆の動きの組み合わせからなっているが，相手を誘って「合気」がかかった瞬間に「合気下げ」に（円の動きで滑らかに）転じる．瞬時のわずかな逆方向の動きによって相手の判断を狂わせている．相手を丸い円の中に巻き込むが，動きは小さければ小さいほど効果的で鋭く効く．相手の力を利用するので，強い力で攻めてくる相手ほど，大きく飛ぶことになる．逆に生（なま）の力を使って対応すれば相手に力を感づかれて動きを止められてしまう．よって技を掛ける際に注意することは，まず力まないことと脱力が肝要で[23]，相手と一体化し，相手に小さく鋭い力の波を伝えることで相手を全身硬直した「合気状態」にする．内部にまで浸透する合気の力は抵抗する術がなく反撃のしようがない（「透明な力」；木村，1995）．自分の力が吸い取られていつの間にか倒されているのである．稽古では，1つ1つの動きに力みを排除し常に平常心を保ちながら稽古することが推奨されている．

---

21)　出典の兵法書『三略』の表現のままではない．

22)　武田惣角（大東流中興の祖と呼ばれている）の技の「合気」に関わる部分に特化して堀川幸道が発展させたものを岡本正剛師範（六方会）がさらに発展・普及させ，それを受け継いだ天野正之師範（維心館）によって今現在もさらなる進化を成し続けている武術．

23)　すべて力を抜くということではない．また，体軸，腰・足裏の使い方，重心移動，（間合いにより）相手のポケットに入る，なども極めて重要である．

これらの「タイミング」「誘い」「呼吸」「相手の気（エネルギーの流れ）に合わせる」「相手の力を利用」「想定外の方向転換（反転）」「波」「小さな動き」「脱力」「一体化」などは，いずれもお笑いと共通することである．力を使わないで身体を転倒させる武術と，前提を崩して話を転倒させるお笑いの話芸との間には，深いところで共通の原理が働いているといわざるを得ない．稽古では笑いが絶えないことも，そのことの証であろう[24]．「笑いと身体操作」は，動物行動学や生理学的・心理学的側面なども含めて，今後の新たな研究分野となり得るものと思われる．

　笑いには多面的な可能性があり，実は奥が深いものであるが，従来あまりそのことが認識されてこなかった．2000年代以降，お笑い芸人にも（数値化による評価という側面もありながら）世間が敬意を表するようになってきたが，かつてはかなり蔑まれてきた実態もある．しかし，お笑いをやる人間は，矜持として，自分たちは「笑われるのではなく，笑わせるのである」という意識を持っていた．

　笑いは社会の緊張関係との関連もあるので，お笑いブームなども日本の社会における非常に堅苦しい空気に対する反応という面もあろう．笑いには，バフチン（Бахтин, 1965）がいみじくも指摘したように，「自由との不可分の本質的なつながり」があり，「笑いはドグマを構築せず，権威主義的にもなりえないこと，笑いは恐怖ではなく，力の意識を意味すること，（中略）さらに笑いは未来，新しきもの，来るべきものと結びついて，未来への道を切り開く」［杉里（訳），2007］ものである．今のような制約の強くなってきた社会，閉塞感のある時代にあって，笑い・ユーモアの持つ効用もますます高まっているのではなかろうか．

推薦図書

　まず笑いに関する古典的著作としてベルクソン（Bergson, 1900）の『笑い―おかしみの意義についての試論』［林（訳），1976］が挙げられよう．色々と批判もあるが，重要な洞察を含み，今日でも読む価値は十分にある．フロイト（Freud, 1905）の『機智』［懸田ほか（訳），

24）　技を受けた瞬間，笑い声を発しながら倒れる人もいるが，このようなことは他の武術では考えにくい．一般に，「剛」の技を中心とした武術では，あまり笑いは起きない．

1970］（英語版では *Jokes* と訳されている）も同様である．また，日本のものとしては，柳田国男の『笑の本願』（柳田，1979）には，文学，文藝，民俗など広範囲にわたり豊かな内容が収められており，そこから多くの問題，テーマを引き出すことができる．梅原猛の『笑いの構造—感情分析の試み』（梅原，1972）は，独自の理論構築の試みであり，特に西洋の笑いと日本の笑いの対照は興味深い．木村洋二の『笑いの社会学』（木村，1983）も様々な検討すべき知見を含んでいる．

文　献

天野正之（指導・監修）(2023)『大東流合気柔術の極意——一瞬で相手を無力化する合気の教科書』トレンドアクア．

雨宮俊彦（2016）『笑いとユーモアの心理学—何が可笑しいの？』ミネルヴァ書房．

Apter, M. J. (1982) *The Experience of Motivation: The Theory of Psychological Reversals*, Academic Press.

アリストテレス（著），島崎三郎（訳）(1969)『アリストテレス全集 8 動物誌（下）動物部分論』岩波書店．

アリストテレス（著），山本光男（訳）(1992)『アリストテレス全集 16 弁論術』岩波書店．

アリストテレス（著），今道友信ほか（訳）(1997)『アリストテレス全集 17 詩学・アテナイ人の国制・断片集』岩波書店．

Attardo, S. (1994) *Linguistic Theories of Humor*, Walter tie Gruyter.

Attardo, S. and Raskin, V. (1991) Script theory revis(it)ed: Joke similarity and joke representation model. *Humor: International Journal of Humor Research* **4**(3): 293-347.

Бахтин, М. М. (1965) *Творчество франсуа Рабле и Народная культура средневековья и Ренессанса*, Художественная литература.
　［杉里直人（訳）(2007)『ミハイル・バフチン全著作第七巻「フランソワ・ラブレーの作品と中世・ルネサンスの民衆文化」他』水声社．］

Berger, A. A. (2006) *The Genius of the Jewish Joke*, Transaction Publishers.

Bergson, H. (1900) *Le Rire: essai sur la signification du comique*.［林　達夫（訳）(1976)『笑い—おかしみの意義についての試論』岩波文庫．］

Billig, M. (2005) *Laughter and Ridicule: Towards a Social Critique of Humour*, Sage.

Darwin, C. (1872) *The Expression of the Emotions in Man and Animals*, Murray.

デイビス，クリスティ・安部　剛（2003）『エスニックジョーク』講談社．

デーケン，アルフォンス（1995）『ユーモアは老いと死の妙薬（死生学のすすめ）』講談社．

Dijkstra, D. and van der Velde, P. (eds.) (2022) *Humour in the Beginning: Religion, Humour and Laughter in Formative Stages of Christianity, Islam, Buddhism and Judaism*, John Benjamins.

Dundes, A. (1987) *Cracking Jokes: Studies of Sick Humour Cycles and Stereotypes*, Ten Speed Press.

Freud, S. (1905) *Der Witz und seine Beziehung zum Unbewußten*, Fischer Taschenbuch-Verlag.［懸田克躬ほか（訳）(1970)「機知—その無意識との関係」『フロ

イト著作集 4 日常生活の精神病理学他』pp. 237-421，人文書院.]

Gervais, M. and Wilson, D. S. (2005) The evolution and functions of laughter and humor: A synthetic approach. *Quarterly Review of Biology* **80**(4): 395-430.

Giles, H. and Oxford, G. S. (1970) Towards a multidimensional theory of laughter causation and its social implications. *Bulletin of the British Psychological Society* **23**: 97-105.

Gilhus, B. S. (1997) *Laughing Gods, Weeping Virgins: Laughter in the History of Religion*, Routledge.

Graziano, M. S. A. (2022) The origin of smiling, laughing, and crying: The defensive mimic theory. *Evolutionary Human Sciences* **4**: e10, 1-13.

Grice, H. P. (1975) Logic and Conversation. In P. Cole and J. L. Morgan (eds.) *Syntax and Semantics, Vol. 3: Speech Acts*, pp. 41-58, Academic Press.

Guiraud, P. (1976) *Les Jeux de mots*, Presses Universitaires de France.[中村栄子(訳)(1979)『言葉遊び』白水社.]

Hobbes, T. (1651) *Leviathan, or the Matter, Forme, & Power of a Common-Wealth Ecclesiasticall and Civill*, Andrew Crooke.［水田　洋（訳）(1954)『リヴァイアサン I ～ IV』岩波文庫.]

Hockett, C. F. (1960) *Logical Considerations in the Study of Animal Communication*, American Institute of Biological Sciences. Reprinted in *The View from Language: Selected Essays 1948-1974*, pp. 124-162, The University of Georgia Press (1977).

Hockett, C. F. and Altman, S. A. (1968) A Note on Design Features. In T. A. Sebeok (ed.) *Animal Communication: Techniques of Study and Results of Research*, pp. 61-72, Indiana Univ. Press.

Kant, I. (1790) *Kritik der Urteilskraft*, Verlag Lagarde.［牧野英二（訳）(1968)『判断力批判』岩波書店.]

川上文人（2009）「自然的微笑の系統発生と個体発生」『人間環境学研究』**7**(1)：67-74.

河盛好蔵（1969）『エスプリとユーモア』岩波新書.

木村達雄（1995）『透明な力―不世出の武術家佐川幸義』講談社.

木村洋二（1982）「笑いのメカニズム―笑いの統一理論をめざして」『思想』**701**：66-89.

木村洋二（1983）『笑いの社会学』社会思想社.

Koestler, A. (1949) *Insight and Outlook*, MacMillan.

正岡信男（1994）「笑いの"進化"」『月刊言語』**23**(12)：20-27.

McNeilage, P. F. (1998) The frame/content theory of evolution of speech production. *Behavioral and Brain Sciences* **21**: 499-546.

Maurois, A. (1958) Deux différentes formes de comique: ESPRIT ET HUMOUR. *Les Annales. Revue mensuelle des lettres françaises*. N°89: 5-19.

Mugglestone, L. (1995) *Talking Proper: The Rise of Accent as Social Symbol*, Oxford University Press.

夏目漱石（金之助）(1909)『文学評論』春陽堂.

Nègre, H. (1973) *Dictionnaire des histoires drôles A à I*, Librairie Arthème Fayard.

Ohala, J. J. (1994) The Frequency Code Underlies the Sound-symbolic Use of Voice Pitch.

文　　　献　　　　　　　　85

In L. Hinton et al. (eds.) *Sound Symbolism*, pp. 325-347, Cambridge University Press.

Ohtsuki, M. (2021) Language and thinking: A contrastive characterization of English, French, German and Russian, with its application to language pedagogy. *Linguistics & Polyglot Studies/Филологические науки в МГИМО* **7**(4): 70-73.

大月　実 (2022)「言語と笑い—ジョークによって開示される個別言語の思考の型とその反省」菅井三実・八木橋宏勇（編）『認知言語学の未来に向けて—辻幸夫教授退職記念論文集』pp. 226-239，開拓社.

Oring, E. (2019) Oppositions, overlaps, and ontologies: The general theory of verbal humor revisited. *Humor: International Journal of Humor Research* **32**(2): 151-170.

プラトン（著），山田道夫（訳）(2005)『ピレボス』京都大学出版会.

Provine, R. R. (2001) *Laughter: A Scientific Investigation*, Penguin.

Raskin, V. (1985) *Semantic Mechanisms of Humour*, Reidel.

Recio, B. (2017) *Inside Animal Hearts and Minds: Bears That Count, Goats That Surf, and Other True Stories of Animal Intelligence and Emotion*, Skyhorse Publishing. ［中尾ゆかり（訳）(2017)『数をかぞえるクマ　サーフィンするヤギ—動物の知性と感情をめぐる驚くべき物語』NHK 出版.］

Schopenhauer, A. (1819) *Die Welt als Wille und Vorstellung*, Brockhaus.［斎藤忍随ほか（訳）(1972)『ショーペンハウアー全集 2 意志と表象としての世界　正編 (1)』白水社.］

志水　彰 (2000)『笑い—その異常と正常』勁草書房.

Spencer, H. (1860) The physiology of laughter. *Macmillan's Magazine* I: 395-402.

鈴木棠三（編）(1981)『新版 ことば遊び辞典』東京堂出版.

滝浦真人 (2005)「ことば遊び」中島平三（編）『言語の事典』pp. 396-415，朝倉書店.

土屋賢二 (2002)「笑い」永井　均ほか（編）『事典 哲学の木』pp. 1016-1018，講談社.

梅原　猛 (1972)『笑いの構造—感情分析の試み』角川選書.

van Hooff, J. A. R. A. M. (1972) A Comparative Approach to the Phylogeny of Laughter and Smiling: The Intertwining of Nature and Culture. In F. B. M. de Waal and P. L. Tyack (eds.) *Animal Social Complexity*, pp. 260-287, Harvard University Press.

柳田国男 (1979)『不幸なる芸術・笑の本願』岩波文庫.

第5章　　　　　　　　　　　　　　　　　　　　　　　　出原健一

サブカルチャのことば

◆ キーワード
マンガ学，マンガ表現論，同一化技法，共同注意，身体離脱ショット，背後霊的視点，
ライトノベル

　あまり一般に知られていないが，サブカルチャの代表ともいえるマンガを対象
とした学術的研究（マンガ学[1]）が現在かなり進んできている．その中には学際
的な研究も見られ，日本マンガ学会の年次大会でもかなり広範な領域の研究者が
登壇している．とはいえ，まだ萌芽的段階であり，認知科学，心理学，言語学の
観点からのマンガ研究はさほど多くなく，未開の地を開拓するに等しい．した
がって本章ではマンガを題材にした研究の可能性を示したい．はじめにマンガ学
およびマンガのことばについての研究を概観したのち，マンガ表現論といわれる
分野で議論されている「同一化技法」「身体離脱ショット」について紹介し，そ
れらの概念が「共同注意」[2]や「背後霊的視点」と関連していることについて論じ
る．そしてそのような観点がことばの研究に貢献できる可能性を，ライトノベル
を題材にして示したい．

|||||||||||||||||||||||||||||||||　**第1部　現在までの流れ**　|||||||||||||||||||||||||||||||||

第1節
マンガ学とは：マンガを題材とした研究に向けて

　当然のことながら，マンガは動画ではない．静止画が紙面に連続的に並べら
れているだけであるにもかかわらず，読者がその中に動きや音などを「認知」
できるのはなぜなのだろうか．ある程度，読者のリテラシーを必要とするもの
の，表現手法も歴史的に変化し続けている中で，子どもでさえも容易に理解す
ることができるのは冷静に考えてみればかなり不思議なことであり，認知科学

---

1)　「マンガ学」という用語はマンガを対象とする研究者に一貫して用いられているわけではなく，「マ
　　ンガ研究」「マンガ論」などを用いる研究者も多い．
2)　認知科学全体から見た共同注意は第1巻第1章，意図理解の視点からは第1巻第2章，発達と子
　　育ての視点からは第7章，カウンセリングとの関連では第8章を参照．主観性の認知意味論と共
　　同注意は第2巻第2章，文化との接点については第3巻第3章，言語習得との関係については第
　　4巻第4章，特別支援教育との関連は第6章を参照．

第1部　第1節　マンガ学とは：マンガを題材とした研究に向けて　　　*87*

をはじめ様々な学問領域からの研究対象に充分なり得ると考えられるが，その数はまだ圧倒的に少ない．そこで第1部では，マンガ研究に触れたことがない読者が多いことを考慮し，マンガに対してどのような研究がこれまで行われているかを概観したい．

　とはいえ，マンガに対する研究は国内外を含めかなり以前から行われており，その全体像を追うことは難しい．それは，2001年に日本マンガ学会（以下，マンガ学会）が発足したが，その設立趣意書[3]によれば，マンガに関する多様な問題領域からの研究の個別分散化を抑制し，研究者同士の交流の場を作ることが学会設立の目的の1つであったことからも分かるだろう．しかし実際，マンガ学会はその役割をこれまでに充分果たしており，体系的ではないにせよ，「マンガ学」の大まかな全体像は見えてきている．例えば，マンガ学の入門書である夏目・竹内（2009）では，マンガ学の領域として①歴史研究，②マンガ家・原作者論，③マンガ表現論，④マンガの読者，⑤マンガ雑誌研究，⑥マンガ産業論を挙げており，またマンガ研究の基本的な書物を紹介している吉村・ベルント（2020）では，①マンガ／史，②表現／読者，③産業／メディア，④ジェンダー／セクシュアリティ，⑤日本／世界と5部構成になっているように，おおむね，マンガ作品・マンガ家論，マンガの歴史を追う歴史学的研究，マンガの受容などを扱う文化論的・社会科学的研究，そしてマンガの表現方法や物語を体系化しようとする記号論的・物語論的研究（マンガ表現論）あたりが中心的といってよいだろう．この中で特に本書に関連性が高いと思われるマンガ表現論に関しては次節で詳しく述べるとして，その他の学際性の高い先行研究について以下で触れておきたい．

　はじめに，マンガで使われていることばに関する研究の一分野として「役割語」がある．金水（2003：205）で「ある特定の言葉遣い（語彙・語法・言い回し・イントネーション等）を聞くと特定の人物像（年齢，性別，職業，階層，時代，容姿・風貌，性格等）を思い浮かべることができるとき，あるいはある特定の人物像を提示されると，その人物がいかにも使用しそうな言葉遣いを思

---

3)　日本マンガ学会のウェブサイトで確認できる（https://www.jsscc.net/gaiyou/874（最終アクセス日：2024/3/18））.

い浮かべることができるとき，その言葉遣いを「役割語」と呼ぶ」と定義されているように，マンガなどのキャラクターによって使われる（現実ではほとんど用いられない）言語現象である．老人や博士を連想させる一人称代名詞の「わし」や文末表現の「じゃ」「わい」，「お嬢様」を連想させる一人称代名詞の「わたくし」や文末表現の「ですのよ」がその代表例である．ジェンダーフリーが（おそらく現実世界よりも）進んでいるマンガ世界では役割語も多様性に富み，それに伴い研究も進んでいる．金水（2007，2011）のような論文集では，複数の言語間の対照研究や日本語教育における役割語の役割などに加え，アニメにおける役割語の音声的側面を論じたものもある．さらには特定のキャラクターが用いる言語表現も定延（2018）では研究テーマとなっている．

役割語と並び，音象徴，オノマトペもマンガのことばに関する研究が行われている一分野である．音象徴に関する研究としては，研究対象としてマンガがメインではないが，川原（2022）などで紹介されている「ポケモン言語学」が代表的といえる．「ポケモン」とはゲームやアニメで世界的に人気のある「ポケットモンスター」に登場する架空の生き物であるが，そのネーミングに使われる音とポケモンの形状や進化レベルなどとの間に相関関係があるかどうかを調べることで音象徴の性質を明らかにしようとしている．例えば，「名前に含まれる濁音の数」とポケモンの「おもさ」「たかさ」「つよさ」「進化レベル」それぞれが相関することが分かっている（川原，2022：89）が，上記のとおり世界中で人気があり多くの言語に翻訳されているので，様々な言語でそのような相関関係が検証されつつある（第2巻第3章第3節参照）．

マンガのオノマトペで興味深いのは，オノマトペが文字としてだけでなく絵としても機能している点である[4]．文字が白抜きか黒塗りか，どの程度の大きさで書かれているかなど，図像としての特徴が読者に与える影響は大きい．このような特徴は伝統的な小説ではほとんど見られないが，マンガの影響を強く反映しているといわれるライトノベルでは文字のフォントやサイズを変えることでマンガに似た視覚的効果を与えていることが指摘されている（メイナード，

---

4) オノマトペが作品世界内で物質化していて，キャラクターを押しつぶすなどの表現もよく見られる．

2012：第7章）．また，マンガではオノマトペの生産性が高く，いわゆるネオ濁音（例えば「あ」に濁点をつけたもの）が用いられたり，一般的な語彙がオノマトペ化する[5]ことも珍しくない．このような性質についてはかなり以前から研究があるが，四方田（1994）や夏目（1997）が詳しい．篠原・宇野（2013）では言語学を中心に学際的な観点からのオノマトペ研究が集められているが，マンガを扱った論文も掲載されている．

　また認知科学，心理学の立場からのマンガ研究も国内外で行われている．海外の研究としては，生成文法理論の観点からマンガを分析しているコーン（2020）［Cohn, 2013］を取り上げよう．本書の内容は大きく3点に集約できる．1点目は言語とマンガの構造的類似性である．小説が自然言語によって書かれているのと同様，マンガは「ビジュアル言語」によって描かれているとし，「文法システムを用いた概念表現のための人間の主要な能力である発話言語や手話と同等なもの」（コーン，2020：9）である「ビジュアル言語」の解明に取り組んでいる．自然言語の特徴として，文が形態素（語）に，形態素が音素（音）に分節できるという二重分節性があるが，ビジュアル言語にも，完全に一致するわけではないと認めつつも，具体的事例を用いてビジュアル語彙やビジュアル言語文法を同定しようとしている．このような試みは次節で見るように日本でも行われてきたが，コーンの場合，樹形図を用いて分析している点が興味深い．ただし，生成文法における樹形図と同等の説明力があるといえる段階ではなく，さらなる精緻化が必要であろう．

　2点目はコマの配置構造による視線誘導の問題である．自然言語の特徴として線条性（linearity）があるのに対し[6]，マンガの場合，紙面の中でのコマの配列はある程度の自由度がある上に，絵がコマから大きくはみ出ている[7]ことも珍しくない．それでもなお，読者がそれほど困難を感じることなくコマの順序を理解して読み進めることができるのはある種の制約があるからであり，コー

---

5)　例えば，「ひらきなおり」という文字がオノマトペ的に表現された例が夏目（1997：123）で紹介されている．

6)　この場合の線条性とは，時間軸に沿って言語記号が系列的に並ぶ性質のこと．なお言語記号の一般的特徴については第1巻第1章を参照．

7)　日本では，「フレームの不確定性」（伊藤，2005）の問題として議論されている．

ンは実証的に「読み始めの制約」と「視線誘導の制約」をアルゴリズム的に示している．言語学やことばの認知科学で行われているものと同様の実験（反応時間分析や事象関連電位分析）をマンガに対して行っており，例えば，最後のコマが文脈と一致しないときに「N400効果」が現れるなど，言語と同様の結果が出ていることが示されている．

3点目はマンガの文化的多様性である．本書は生成文法理論の立場から，上記の普遍的なビジュアル言語構造を踏まえた上で，米国，日本，中央オーストラリアのビジュアル言語の差異について論じている．この中で日本のマンガの方が米国よりもキャラクターからの主観的コマが有意に多いと指摘されている（コーン，2020：200）が，これは認知言語学でいわれている見解に沿うものであることは興味深い．認知言語学では，人間が外界を事態把握する認識の仕方として「主観的把握」と「客観的把握」という用語が定着している．

　〈主観的把握〉：話者は問題の事態の中に自らの身を置き，その事態の当事者として体験的に事態把握をする——実際には問題の事態の中に身を置いていない場合であっても，話者は自らがその事態に臨場する当事者であるかのように体験的に事態把握をする．

　〈客観的把握〉：話者は問題の事態の外にあって，傍観者ないし観察者として客観的に事態把握をする——実際には問題の事態の中に身を置いている場合であっても，話者は（自分の分身をその事態の中に残したまま）自らはその事態から抜け出し，事態の外から，傍観者ないし観察者として客観的に（自己の分身を含む）事態を把握する．　　　　　（池上，2011：52）

そして相対的に日本語では「主観的把握」が，英語では「客観的把握」が好まれるといわれているが，この「好み」が文化的現象にも反映されていることが，庭園や絵画（池上，2006），スポーツ報道（多々良，2008），映画ポスター（尾野，2018）などについて指摘されている．コーンの指摘はこれらの研究と結びつけることができるだろう[8]．

　日本でも「マンガの認知科学」というべき研究は行われている．例えば

8）　出原（2011）では，マンガだけでなくアニメや特撮においても同様のことがいえることを指摘している．

Nakazawa（2016）はマンガの読みに関わる認知過程のモデルを提唱しており，和田ら（2018）では文章読解時の状況モデル更新の作業仮説の1つであるイベントインデックスモデル[9] がマンガの読みにどの程度当てはまるかを検証している[10]．また心理学の分野でも家島（2022）によれば，「マンガ心理学」が提唱されており，日本心理学会でも様々な角度からマンガをテーマにしたワークショップが数多く開催されている．教育工学や認知科学の分野でのマンガ研究も増えてきているとのことなので，今後は書物としてまとめられたものが出版される可能性もあるだろう．

　以上，本書と関係の深い分野からのマンガ研究を見てきたが，本節の最後に，マンガと並びサブカルチャの代表といえるライトノベルの研究にも少し触れておきたい．マンガ以上にライトノベルの学際的研究は少ないが，先ほど少し取り上げたメイナード（2012）の研究がある．本研究では，ライトノベルを「アニメ的なイラストが添付された，中高生を中心としながらも成人をも読者に含む娯楽文芸作品群」（メイナード，2012：3-4）と定義し，「そのディスコースが会話化し，直接引用の形をした会話や会話的な語りがページの多くを占める娯楽文芸」「文字を中心にした文芸ジャンルであるが，会話中心で，ビジュアルイメージを無視できない作品世界」（メイナード，2012：30）と表現しているように，マンガとの類似点に注目している．オノマトペの箇所で述べたように，ライトノベルでは文字の視覚的効果を狙った工夫をしているだけでなく，文体においても会話体中心で，マンガ的イメージを彷彿とさせるような口調や状況説明が多いことも指摘している（メイナード，2012：41）．またライトノベルはコミカライズされる作品も多く，両者を比較し，その共通点や相違点についても分析している．

　これまで述べてきたように，マンガやライトノベルの学際的研究は進んでき

---

9)　登場人物の同一性や空間，時間，因果性，意図性の状況的次元の連続性を読み手が随時モニターしながらテキストを読み進めていき，各次元に不連続性が生じた場合に状況モデルを更新すると考えられている（和田ほか，2018：93）．

10)　中澤はコーン（2020）の訳者であり，絵の系列の理解研究などでコーンにも引用されているように，かなり以前からマンガの研究に取り組んでいる．和田もマンガを読む際の視線の動きをテーマにかなりの頻度でマンガ学会で研究発表を行っており，その概要は機関誌『マンガ研究』で確認できる．

ているが，日本のマンガ表現論の知見を本格的に取り入れているものはまだ少ない．そこで，次節以降，認知科学的な研究が見込めると思われるマンガ表現論，特に「同一化技法」と「身体離脱ショット」について解説する．

第2節
マンガ表現論（1）：黎明期

コーンがマンガを言語と対比させたことは前節で述べたが，同様の発想は日本でも生まれていた．例えば，呉（1997［1990］：106）はマンガの定義を「コマを構成単位とする物語進行のある絵」とし，記号論の用語を使って「現示性と線条性とが複合した一連の絵」とも表現している．このようにマンガの構成要素を記号として捉えて分析する研究が「マンガ表現論」と呼ばれるようになり，1990年代から盛んに行われるようになった．四方田（1994），夏目・竹熊（1995），夏目（1997）がその代表といえるが，ここでは夏目（1997）の分析の一部を紹介する．

夏目は絵の最も重要な要素として「線」を取り上げ，マンガにおけるその記号的な意味の多義性について事例をもとに分析している．どのようなペンを使うかによってどのように読者の印象が変わるかなどを論じたのちに，図5.1のようなフキダシの形状がマンガ世界内での声のトーンの差異を表現できることを指摘している．これはオノマトペ研究で有名なブーバ・キキ効果（第2巻第3章，第1巻第1章第5節参照）と関連があることは明らかだろう．その意味では図5.1は有契性が比較的高いといえるが，図5.2はどうだろうか．例えば私たちは照れているときに頭の上に線的なものが現れるようなことはない．図5.2で描かれているものは「マンガのお約束」，つまり恣意的な記号として機能している．このような線の形で何らかの意味を表している，抽象化された記

図5.1 フキダシの形状（夏目，1997：75）

ふつうの電球　　　焦る電球　　　おびえる電球　　　照れる電球

図 5.2　マンガの形喩（夏目，1997：86）

号を夏目は「形喩」と呼んでいる[11]．形喩をマンガから省いてしまうと「絵の動きが止まり，（中略）マンガの中にあった心理的な動き，時間の持続している感じがなくなってしまう」（夏目，1997：87）と述べているように，静止画であるマンガの中に動きを認知する心のはたらきに形喩が重要な役割を果たしているといえるだろう．

またコーンがコマの配置や視線誘導に注目していたように，夏目もその点について詳細に論じている．図5.3を用いて，あるマンガのコマ構成を分析しているので，簡単に要約しよう．①の右下と②には主人公が描かれているのだが，②のコマの大きさが①の1/4に縮小されていることにより，読者の視線が急に狭められ[12]，この圧縮により，人物への心理的な移入を強めている．また⑦から⑧への移行では，⑦で横方向の開放感を強調した後に，ページを変えて⑧で上下に開放されることで読者に上昇する感じを与え，さらに⑨〜⑪で飛行機，爆弾，爆発を描くことで出来事の方向性とも一致し，読みが加速されることになる．全体として，右ページが上から下への圧縮感があるのに対し左ページは上への開放感があるという対比となっている．

このようにマンガの記号，コマ構成などが詳細に分析されるようになり，批判的検討[13]がなされながら，マンガ表現論の研究が今なお進んでいるが，その

11）コーン（2020：46）はこのような記号を「ビジュアルな形態素（morpheme）」と呼んでいる．
12）さらに③は主人公の耳がクローズアップされており，②と③は後で述べる「同一化技法」が用いられている．
13）それまでのマンガ表現論について，ある程度確立された表現方法に研究が集中し，絶えず変化・発展していくマンガ手法まで捉えられていないとし，より広範なマンガ現象を分析する枠組みとして「フレームの不確定性」を提唱した伊藤（2005）や，マンガと映画を入念に比較することでメディアの違いに還元されないマンガの特徴を導き出そうとしている三輪（2014）は，マンガ表

第5章　サブカルチャのことば

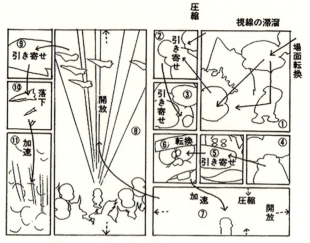

図5.3　コマの配置と視線誘導（夏目，1997：143）

中で，本章では「視点」が関わる表現法に注目したい．「視点」は認知科学や認知言語学では重要なキーワードであるが，マンガ表現論でもキャラクターからの視点をどのように描くか（どのように読者にそのことを分からせるか）という問題は重要なテーマである．それに関連する概念である「同一化技法」と「身体離脱ショット」について順に紹介する．

第3節
マンガ表現論（2）：同一化技法

「視点」というテーマは「物語」を考える上で重要であり，文学や映画論においてよく論じられているが，同じことはマンガにおいてもいえることである．例えば竹内（2005）は文学や映画における視点論を踏まえた上で，マンガの解釈においても視点が重要な意味を持っていることを指摘している．

　マンガ表現で工夫された視点は，ただ単にドラマを起伏あるものに見せるだけでなく，視点の運動そのものが，妙な言い方だが画面の手前にあるひとつの人格を想起させる場合がある．物語における「語り手」のように，マンガの「描き手」とでも呼べそうな視覚的存在 =〈視点の語り手〉を，

現論を1段階先へと進めた研究といえる．

第1部　第3節　マンガ表現論 (2)：同一化技法　　　　95

である.　　　　　　　　　　　　　　　　　　　　　　　（竹内，2005：65）

　つまり読者は，「視点の語り手」と視点が重なり合うことで同化するということである．これは認知科学における視点研究の古典である宮崎・上野（2008[1985]）がいう「〈見え〉先行方略」と関係しているだろう．「〈見え〉先行方略」とは「他者の心情を理解するにあたって，まずその他者が彼のまわりの世界についてもっているであろう彼から見た〈見え〉を生成してみる，というやり方」（宮崎・上野，2008[1985]：139）であるが，これはマンガでも有効に機能し，読者はキャラクターの知覚を追体験することで，そのキャラクターの心情を理解する．さらに竹内も宮崎・上野の「動的視点」[14]を参照した上で，「読者はコマとコマのつながりの上に，何らかの事件を読みとっていく．そのような読みの過程に浮かびあがるイメージは，視点の連続が創りだした知覚像にほかならない」（竹内，2005：67）と述べている．つまり，「見え」の移り変わりによって，「視点の語り手」の事態認識や心情を読者は理解することができる．

　ただし，視点の移り変わりが何の法則もきっかけもなくランダムに起こってしまっては，読者はスムーズにキャラクターの知覚・心情に同化することはできない．小説には一人称語りのものも多数あるが，ほとんどのマンガは「二人称語り」であり，客観的視点のコマの連鎖の中で読者を特定の視点に誘導するためには「視点の変化に立ち現れるひとつの秩序，序列化した視点の流れ」（竹内，2005：76）が必要となる．その1つの手法として竹内が紹介しているものが同一化技法[15]である．

　竹内が同一化技法について論じる直前に「映画から学んだ技法，いわゆるマンガにおける「映画的手法」のありさまの一端をあからさまにしたい」（竹内，2005：84）と述べているように，同一化技法はマンガ固有のものではない．しかし，マンガは（伝統的な）映像作品とは異なり，現実には不可能なアングルをとることも可能であるため，その表現方法も多様である．竹内は同一化技法

---

14)　宮崎・上野（2008[1985]：53-54）では，「見る」ということは基本的に動的視点の活動とし，「ここで見られるものは，定形（form）ではなく，視点を動かすことに伴う不定形な見えの変化のプロセス」であると述べている．

15)　竹内の同一化技法に関する議論の細かい部分に関しては多くの批判もある．詳しくは三輪（2014：第3章）を参照．

(a) 部分表示型　　　(b) 身体消失型　　　(c) モンタージュ型

図5.4 同一化技法（竹内，2005：91）

のパタンとして3つ挙げている（図5.4）が，いずれも「読者と作中人物の眼を重ねあわせる一人称の視点」（竹内，2005：88）である．

まず図5.4（a）の「部分表示型」であるが，これは「手紙（視点対象）を持つ手が作中人物（視点人物）を暗示し，その手を媒介にして読者の眼は視点人物の眼に重なりあう．そして，読者は視点人物の立場を通じて物語世界に関わることになっていく」（竹内，2005：90-91）と説明されている．この場合，視点人物の身体の一部（手）が描かれているため，竹内は部分表示型と呼んでいるが，認知科学では「マッハの自画像」[16]として知られている構図に近いといえる．生態心理学的にいえば「エコロジカル・セルフ」，つまり「私たちが自分をとりまく環境を知覚しているとき，そこにはつねに自分自身の知覚が伴って」（河野，2011：40）いるため，図5.4（a）のコマを見ることで自分がそのキャラクターと同化した感覚を持つことになるわけである．それに対し，図5.4（b）では（a）のように身体の一部が描かれていないが，（a）と同様，読者の見えはキャラクターの見えに重なり合っているように解釈される．しかし視点人物の身体が一切描かれていないため身体消失型と名づけられている．竹内は（b）の条件（なぜ（b）がキャラクターの視点であると読者が感じるか）について説明を加えていないが，図5.4（b）だけについていえば，「インターパーソナルセルフ」[17]が関与していると考えることもできるかもしれない．あるキャラクターが図5.4（b）の男性とやりとりをしていることが文脈上明らかであ

---

16) 物理学者エルンスト・マッハが自身の左目から見える像を描いた絵．
17) 大藪（2020：75）は，エコロジカル・セルフを「物と能動的に関わろうとする身体的な主体」と，インターパーソナルセルフを「人との間で情動的なコミュニケーションをする主体」と説明している．

第1部　第3節　マンガ表現論 (2)：同一化技法　　　*97*

れば，図5.4（b）を見ることで読者はそのキャラクター[18]に同化しやすくなると思われる．

　最後に図5.4（c）だが，これは2コマの組み合わせが同一化の効果を生み出している．「同一画面[19]に併置された二つのコマを連続して視覚体験することで，左のコマの風景が右のコマの女の視野に重なりあう．時間を隔ててひとつひとつを見れば，こうした効果はおこらない．先のコマが後続のコマに新しい意味づけを行うところから，このタイプを〈モンタージュ〉型と呼ぶ」（竹内，2005：91）と竹内は説明している．図5.4（c）をもとに補足すれば，1コマ目で母親が何かに気づいたことが台詞「まっ」と頭の上に描かれている線（形喩）で読者に示され，そして母親が何に気づいたのか（母親の見え）が2コマ目によって示される，ということになるが，視点という観点で捉え直せば，1コマ目は（作者からの）客観的な視点であるのに対し，2コマ目はキャラクター（母親）からの主観的な視点ということになる．つまり，母親の主観的な見えと読者の見えが重なり合っているということである．この一連のプロセスは認知科学的には「共同注意（joint attention）」が成立しているといえるだろう．

　共同注意は近年言語分析においてもよく用いられている概念であるが，その代表的研究といえる本多（2011）では，共同注意について「もっとも短く規定すれば，他者と一緒に同じものに注意を向けること」（本多，2011：127）と述べている．「他者の視線を追いかけてその人が見ているものを自分も見る」「指さし，声かけなどによって，他者の注意を自分が注意を向けているものに向けさせる」（本多，2011：127）とも述べているが，同一化技法も読者がキャラクターの視線を追いかけて同じものを見ているという点でプロセスは同じである．もちろん，キャラクターは読者が同じものを見ていると普通認識していない[20]ので厳密にいえば間主観的（間主観性については第2巻第2章を参照）で

---

18)　「そのキャラクター」は不特定でも構わない．例えば図5.4（b）の男性が探偵で，複数人の前で推理を披露した後であれば，このコマを読んで読者は（この時点で誰が犯人か分からなくとも）犯人の気持ちを共体験することになる．

19)　「同一画面」でなく2コマ目がページをめくった後に出てくる場合も多く，その場合，ページをめくるという読者の行為がキャラクターの視線を向ける行為と連動することになる．紙媒体限定になるが，マンガにおけるページをめくるという行為の重要性については泉（2008）を参照．

20)　ただし，子ども向けやコメディ系のマンガでは，キャラクターが読者に向けて突然話しかける場

はないが，少なくとも全知の視点を持つマンガの作者との共同注意には（意識するかは別として）間主観性が成立しているだろう．

読者とキャラクターに作者を加え，より詳細にモンタージュ型を検討しよう．まず1コマ目において，作者は読者に作品世界内のキャラクターに注目させる．これは「自分が注意を向けている対象に相手の注意を向けさせる」（本多，2011:130）誘導的共同注意といえる．さらに2コマ目で，読者はキャラクターの認識対象をともに把握するわけであるが，これは「他者が注意を向けている対象に自分の注意を向ける」（本多，2011:130）追跡的共同注意である．より厳密にいえば，作者の全知の視点がキャラクターの視点を通して見たものを読者も見る，ということになるだろう．

第4節
マンガ表現論（3）：身体離脱ショット

マンガの視点について体系的にまとめた代表的な研究として泉（2008）がある．マンガの「書籍」としての特徴を研究の前提とし，読者がマンガを手にとり，指でめくるという行為性まで考慮に入れ，読者の視線の動きやアングルについて考察している．例えば，日本のマンガには右から左へと読み進める性質があることから，図5.5の左のコマにある黒い楕円が左に動いて見える可能性を指摘している．このような現象を「見えないベクトル」と呼び，同様の現象について具体例を示して分析しているが，これは本来動きのないマンガの中に

図5.5 見えないベクトル（泉，2008：13）

面が出てくるなど，キャラクターが読者を意識している記述も珍しくない．

第1部　第4節　マンガ表現論 (3)：身体離脱ショット　　*99*

読者が動きを見出す原因の1つと考えられる．このような説明は実は認知言語学においても見られる．河上 (1996：15-16) では，"The car ran from Tokyo to Osaka." においては物理的な移動が関与しているのに対し，"The highway runs from Tokyo to Osaka." では同じ "run" という動詞を使っているにもかかわらず「移動」は起こっておらず，「心的に二都市間の高速道路を辿っている」ことから，「心的走査 (mental scanning)」と呼ばれている，と説明されているが，解釈する者の視線の移動が関わっているという点で「見えないベクトル」と類似しているといえるだろう．

　そして泉 (2008) はマンガの「視点」について，文学や映画論の知見を踏まえながら細かく分類し論じているが，紙幅の関係でここでは，泉が「「誰かの」視点」と呼んでいる視点についてのみ紹介する．この「誰か」とはキャラクター（作中人物）のことであり，したがって「「誰かの」視点」とはキャラクターの主観的な見え（主観コマ）のことである．ただしここで重要なのは，泉が繰り返し強調しているように，「誰かの視点が描かれるということは，視界が描かれることとイコールにならない」（泉，2008：38）ということである．泉は「人間の〈主観〉とは，目に映る視界だけで作られるものではないのだから，観客[21] がキャラクターの主観と〈同化〉するには，もっと色々な「情報」が必要なのだ」（泉，2008：36）と述べ，他の情報として「身体感覚」「情動反応」「位置感覚」を挙げている．つまり，キャラクターの視点であっても完全な主観ショットとは限らないわけである．そこで泉は主観コマを「主観ショット」「準主観ショット」「身体離脱ショット」「精神的イメージ，回想など」と4つに分類している．

　「主観ショット」はキャラクターの「見え」と完全に一致した視点である．それに対して「準主観ショット」は先ほど述べたマンガ特有の，右から左へと読者の視線が移動するのに合わせてアングルが傾いた（つまり，キャラクターの「見え」と若干のずれがある）主観ショットである．「精神的イメージ，回想など」は（作品世界内の）現実的な「見え」ではない，キャラクターの頭の

---

21)　映画論からの引用を受けた記述箇所であるので「観客」となっているが，同様のことはマンガにも当てはまる．

第5章　サブカルチャのことば

図 5.6　身体離脱ショット（亜樹直（作），オキモト・シュウ（画）『神の雫』第1巻, p. 128, 講談社）

中で捉えている像ということになる．

「身体離脱ショット」は例を出して説明しよう．図5.6は，眼鏡をかけた男性（男A）がワイングラスを掲げた女性を見て，ライバルの男性（男B）のことを思い出している場面である．この場に男Bは実際にはいないので，男Bが見えているのは男Aだけということになる以上，左のコマは男Aの「主観ショット」と考えてしまいがちだが, 同時に男Aもこのコマに入り込んでいる．自分の後ろ姿が自分の視界に入ることは現実にはあり得ないのだが，このように主観ショットと思われるコマにそのキャラクターも入っている構図を「身体離脱ショット」という．

この構図を「全知の視点」からの客観ショットと考えることも不可能ではない．しかし，右のコマの男Aの口元には図5.4（c）右のコマと同じ形喩があることからも分かるように，図5.6は同一化技法（モンタージュ型）として解釈する方が自然である．実際，モンタージュ型で2コマ目が身体離脱ショットであるケースは非常に多い．さらには身体離脱ショットの後に主観ショットが来るケースも多い．図5.7では，後ろにあるドアが開いて振り返った主人公が3コマ目（左上のコマ）で描かれ，次のコマで女性がドアから覗いていることを主人公が不思議がっているわけだが, この4コマ目（右下）は身体離脱ショットと考えられ，さらに女性がしゃべっている5コマ目（左下）は主人公の主観

第 1 部　第 4 節　マンガ表現論 (3)：身体離脱ショット　　　　　101

図 5.7　視点の移り変わり（附田祐斗（作），佐伯俊（画）『食戟のソーマ』第 11 巻, p. 14, 集英社）

ショットととれる．つまり，客観ショット（3 コマ目）→身体離脱ショット（4 コマ目）→主観ショット（5 コマ目）という流れで徐々に主人公の主観に入っていく構成になっている．

　以上のことから身体離脱ショットとは客観的な視点と主観的な視点が融合した視点であるということができる．動的視点（脚注 14 参照）の活動の中で，客観から主観，もしくは主観から客観へと移り変わる場合に，図 5.7 のように段階を経て移行する方が認知的負荷が低いと考えられる．

　　　キャラの視点から説明すれば「視点が身体の外側に半ば抜け出た」状態
　　ですが，神の視点からすれば「視点がキャラの内側に半ば潜り込んだ」逆
　　さまの状態であるとも説明できるでしょう．まさに「半・主観」でありつ
　　　　　　　　　　　　　　　　　アウト・オブ・ボディ
　　つ「半・客観」でもあるのが，身体離脱の視点です．　　（泉，2008：42）

　なお，泉自身が述べているように，身体離脱ショットはマンガ特有のものではない．映画論では「肩ナメショット」という用語が存在し，また心理学では，宮崎（1994）が「一人称視点」と「第三者的視点」に「背後霊的視点（ghostat-the-back's point of view)」を加えて，絵本とビデオ映像における読者，視聴者の共感的理解の度合いを調べている．ここで出てくる背後霊的視点は身体離脱ショットと同じといえるが，絵本に関しては背後霊的視点と第三者的視点を，ビデオ映像では一人称視点と背後霊的視点を対比させて実験を行ったところ，ビデオ映像では一人称視点の方がやや登場人物の視点に立てる結果が出た[22]一方，絵本の方では，必ずしも一義的なものではないと前置きがあるものの，背後霊的視点群の方が主人公および作品世界についての想像が刺激されたと考えられる結果が出ている．

　以上，泉の視点論の一端を紹介したが，他にも「パブリック視点」など様々な視点概念を提案しており，マンガに見られる様々な視点を読者がどのように認知的に処理をしているのかは大変興味深いテーマといえる．

|||||||||||||||||||||||||||| **第2部　今後の展望** ||||||||||||||||||||||||||||

第5節
マンガ表現論研究における今後の（認知科学的）展望

　第1部で紹介したマンガ表現論の先行研究はもちろんごく一部であるが，研究者の人口自体が多いとはいえないため，研究の余地は十分にある．認知科学的アプローチをとるのであれば，やはりコーン（2020）およびそこで紹介されている研究は押さえておく必要があるが，日本のマンガ表現論を土台とした研究はほとんど行われていない．これらの研究の検証をするだけでもかなり意義のある研究になると予想されるが，ここでは3点，今後の研究の大きな方向性を示しておく．

　1点目は形喩やオノマトペなどの認知に関してである．最初に問題提起したように，マンガは静止画であるが，そこに私たちは動きや音などを感じることができる．形喩やオノマトペの有無や種類でどのように認知の仕方が変化するか，あるいは文化的差異はどの程度あるのか，などは認知言語学で重要視されている比喩理解能力とも関連するだろう．例えばオノマトペは絵として視覚的

---

22)　ビデオ映像の実験では，マンガや絵本のような物語性がない状況での実験であったため，感情移入する類のものではなかったと宮崎自身が指摘している．

第2部　第5節　マンガ表現論研究における今後の（認知科学的）展望

図 5.8　音の視覚化（阿久井真『青のオーケストラ』第5巻, p.54, 小学館）

にも認知に影響を与えるが，音楽関係のマンガでどのようなマンガ表現がどのような聴覚的感覚を想起させる（図 5.8）か，グルメ漫画ではどのような味の感覚を喚起させるかなどの研究は，共感覚研究の新たな視点を提供してくれるだろう．

　2点目は媒体による読み方の相違および変化である．読者の視線の動きについては本章でも国内外の研究を紹介したが，基本的に紙媒体を前提としている．しかし，最近ではスマートフォンなどの電子媒体でマンガを読む人も増えてきており，その場合，紙媒体では見開き2ページであったものを1ページずつ読むことになることが多くなり，またページを「めくる」のではなく画面を「スライド」するという動作面での違いも発生する．特に韓国発祥とされるウェブトゥーン（Webtoon）は上から下にスクロールするため，これまでの視線の動きと異なるのは明らかである．このような媒体の変化に応じて，同一化技法などのマンガ表現がどのように変化し，認知の仕方がどのように変わるのかも今後の課題である．

　3点目は泉（2008）の視点論の箇所で触れたが，視点と身体との関連性である．主観認識において「身体感覚」が重要であるという泉の指摘は，認知言語学や認知科学でも重要視されている．

　　　身体仮説（the embodied-mind hypothesis）は，概略，脳を含む身体の

すべてが相互に連携して人間の心を作り，理性や概念を生み出すとする考え方である．もう少し厳密に言えば，脳を含む身体の構造と働きが，社会や物質世界と相互作用的に機能することで概念が生み出され，理性の特性が決定づけられるという考え方である． (辻, 2013：180)

同一のコマが主観ショット，準主観ショット，身体離脱ショットのいずれかによって読者の捉え方はどのように変わるのかのような，宮崎（1994）に類する研究も十分行えるであろうし，またマンガの「身体離脱ショット」は「肩ナメ」だけでなくキャラクターの全身を前面から描くようなパタンもある（泉，2008：43-48）ので，マンガを題材にすることで細分化した研究も可能である．

第6節
ライトノベル研究における今後の（認知科学的）展望

これまで述べてきたように，ライトノベルはマンガよりもさらに学術的な研究が進んでおらず，メイナード（2012），そしてさらにケータイ小説や少女マンガも研究対象に加えたメイナード（2017）は数少ない先行研究であるが，言語学，談話分析の枠内にとどまっているといわざるを得ない．ライトノベルはマンガの表現形式に多大な影響を受けている文芸ジャンルであり，絵的表現と言語表現を比較することが容易に行える，かなり珍しい研究対象であり，認知科学の観点から定量的な分析がしやすいと思われる．そこでマンガと対照したライトノベル研究の可能性について考察して本章を締めくくりたい．

メイナード（2012）はライトノベルにおいてビジュアル情報が重要な役割を果たしていることに注目し分析を行っている．語のレベルでいえば，フォントや文字サイズの変更，繰り返しの多用，文の可変性など，読者の視覚に訴えかける表現方法を多数指摘し，その効果を定性的に分析しているが，基本的に言語情報を追いながら読んでいく中で，このような表現手法に対し読者はどのような認知処理を行っているのだろう．また，ライトノベルにはキャラクターのイラストが載っていることがほとんどで，「ライトノベルのディスコースには，バーバル記号とビジュアル記号の両者が意味を補充したり強調したりする相互作用が観察されること，そして読者は文字と映像の交錯と融合を通してその意味解釈をする」（メイナード，2012：261）と指摘し，言語表現とイラストとの対比や，ライトノベルの原作とコミカライズされたマンガとの比較を行ってい

るが，このようなマルチモーダルな処理が行われる現象に対し，認知科学的研究の余地は十分残されているように思われる．

　以上はライトノベルのビジュアル面に注目したが，文体の面でもマンガに影響を受けていると思われる表現がよく見られる．

　　　政近は購入したチョコチップアイスを舐めながら，隣のアリサのアイスをマジマジと見つめていた．

　　　政近と違って，注文したのはコーンではなくカップ．そしてその上には，バニラ，チョコ，チーズケーキ，クッキーアンドクリーム．

　　　ものの見事にぜん〜ぶ甘い．抹茶？チョコミント？アイスに苦みや爽やかさなど不要！否，コーンすら不要！と言わんばかりのゴリゴリに攻めたチョイス．　　　　　　　　　　　（燦燦 SUN『ろしでれ』第 1 巻，pp. 185-186）

上の引用文の第 2 段落は「政近」とあるので地の文（客観的視点）ともとれるが，「マジマジと見つめ」たことによる政近の思考（主観的視点）ととることも可能である．さらに第 3 段落では「ぜん〜ぶ」や「！」「？」などが使われるなどかなり砕けた口調で，客観的な地の文というよりは政近の感想と解釈する方が自然と思われる．とすると，この第 1 〜 3 段落の流れは図 5.7 の 3 〜 5 コマ目の流れと並行的で，徐々にキャラクターの主観に移行する構成となっているといえそうである．また，人気の高いライトノベルはコミカライズされるものも多いため，同一場面を文章で読むときとマンガで読むときとの認知の仕方の違いを比較することも可能である．このようにマンガ的で視覚的特徴もあるライトノベルの文章は「従来の語りの理論，引用の理論，言語論，文章論では説明できないものもある」（メイナード，2012：48）と考えられることから，宮崎（1994）などのような心理学的・認知科学的研究が俟たれる．

　これまで見たように，「サブカルチャのことば」は視覚的刺激も考慮する必要があるため，マンガやライトノベルはマルチモダリティ研究を行うにはかなり適した研究対象といえる．今回は触れられなかったが，アニメーションも射程に入れれば，聴覚的刺激も加えることができ，実際すでに川原（2022）では声優に協力を要請した音声学的研究が紹介されている．自然言語と異なり，意図的に作られた文化的生産物という側面は十分考慮しなければならないが，「サブカルチャのことば」研究は，これまでの文章理解研究や画像理解研究とは異

なる発見が生まれる可能性を秘めているといってよいだろう.

コラム　身体離脱ショットと自由間接話法

　本章ではマンガにおける「身体離脱ショット」について紹介した. 2つの視点が同時に現れて融合している, というのは非現実的と思われるかもしれないが, 出原 (2021) は, マンガやライトノベルでよく使われる変則的なルビや英語の自由間接話法で同様の現象が起こっていることを指摘した. 例えば, 人や場所の固有名に「おまえ」や「あそこ」といったダイクシスがルビに振られることが頻繁に見られるが, ダイクシスは共同注意を喚起し, 指示対象と並置することで二重性を意識させる表現方法といえる. また自由間接話法とは "She stared at him in speechless amazement. *How could he come back so soon? Why had he not informed her of his return?* But he was there waiting for her to throw herself into his arms." (彼女は驚きのあまり無言で彼を見つめた. どうしてこの人はこんなに早く帰って来られたのだろう. なぜ帰ることを前もって知らせてくれなかったのだろう [と彼女は思った]. しかしとにかく彼はそこにいて, 彼女が腕の中に身を投げ出してくるのを待っていた) (江川, 1991：481) の英文イタリック体の箇所のような話法を指すが, 語順や語彙的なダイクシスは直接話法的 (キャラクター視点) であるのに対し, 時制や文法的ダイクシスは間接話法的 (語り手視点) であり, 2つの視点が同居している. このような現象を理解するのに, 特有な認知活動が行われているのか興味のあるところである.

推薦図書

　本章では取り上げられなかったが, マクラウド (2020) [McCloud, 1993] は古典的名著として挙げておかねばなるまい. また近年, マンガ学関連の論集も増えてきており, 鈴木・中田 (2022) や小山ら (2022) はマンガ表現論を中心としながらも様々な角度からマンガ学の比較的新しい研究動向をつかめる書である. また山田 (2017) は, マンガ, アニメを題材とした学術的研究を促す書であるが, 人文・社会科学系の幅広い分野の専門家が寄稿しており, マンガ研究の多様なアプローチを学ぶことができる. 認知科学, 心理学の観点からのマンガ研究に関しては, マンガ学会の機関誌である『マンガ研究』に時折寄稿されている.

文　献

コーン, ニール (著), 中澤　潤 (訳) (2020)『マンガの認知科学』北大路書房. [Cohn, N. (2013) *Introduction to the Structure and Cognition of Sequential Images*, Bloomsbury.]

江川泰一郎 (1991)『英文法解説 改訂三版』金子書房.

文　　献

本多　啓（2011）「共同注意と間主観性」澤田治美（編）『ひつじ意味論講座 5 主観性と主体性』pp. 127-148，ひつじ書房.

出原健一（2011）「相同性─「オタク文化」の場合」『彦根論叢』（388）：18-31.

出原健一（2021）『マンガ学からの言語研究─「視点」をめぐって』ひつじ書房.

家島明彦（2022）「マンガ心理学の概観と展望」『心理学ワールド』（96）：21-22.

池上嘉彦（2006）『英語の感覚・日本語の感覚』日本放送出版協会.

池上嘉彦（2011）「日本語と主観性・主体性」澤田治美（編）『ひつじ意味論講座 5 主観性と主体性』pp. 49-67，ひつじ書房.

伊藤　剛（2005）『デヅカ イズ デッド』NTT 出版.

泉　信行（2008）『漫画をめぐる冒険［上巻・視点］』ピアノ・ファイア・パブリッシング.

川原繁人（2022）『言語学者，外の世界へ羽ばたく』リベラルアーツコトバ双書.

河上誓作（編著）（1996）『認知言語学の基礎』研究社.

金水　敏（2003）『ヴァーチャル日本語 役割語の謎』岩波書店.

金水　敏（編）（2007）『役割語研究の地平』くろしお出版.

金水　敏（編）（2011）『役割語研究の展開』くろしお出版.

河野哲也（2011）『エコロジカル・セルフ』ナカニシヤ出版.

小山昌宏ほか（編）（2022）『マンガ探求 13 講』水声社.

呉　智英（1997［1990]）『現代マンガの全体像』双葉社.

メイナード，泉子 K.（2012）『ライトノベル表現論─会話・創造・遊びのディスコースの考察』明治書院.

メイナード，泉子 K.（2017）『話者の言語哲学』くろしお出版.

マクラウド，スコット（著），椎名ゆかり（訳）（2020）『マンガ学─マンガによるマンガのためのマンガ理論』復刊ドットコム．[McCloud, S. (1993) *Understanding Comics: The Invisible Art*, HarperCollins.]

三輪健太朗（2014）『マンガと映画─コマの時間の理論』NTT 出版.

宮崎清孝（1994）「映像メディアでの共感的理解における「背後霊的視点」の効果」『大妻女子大学紀要 家政系』（30）：161-173.

宮崎清孝・上野直樹（2008［1985]）『視点』東京大学出版会.

Nakazawa, J. (2016) Manga Literacy and Manga Comprehension in Japanese Children. In N. Cohn (ed.) *The Visual Narrative Reader*, pp. 157-184, Bloomsbury.

夏目房之介（1997）『マンガはなぜ面白いのか』日本放送出版協会.

夏目房之介・竹熊健太郎（1995）『マンガの読み方』宝島社.

夏目房之介・竹内オサム（編著）（2009）『マンガ学入門』ミネルヴァ書房.

尾野治彦（2018）『「視点」の違いから見る日英語の表現と文化の比較』開拓社.

大藪　泰（2020）『共同注意の発達─情動・認知・関係』新曜社.

定延利之（編）（2018）『「キャラ」概念の広がりと深まりに向けて』三省堂.

燦燦 SUN（2021）『時々ボソッとロシア語でデレる隣のアーリャさん』第 1 巻, 角川スニーカー文庫.（本文中では『ろしでれ』と表記）

篠原和子・宇野良子（編）（2013）『オノマトペ研究の射程─近づく音と意味』ひつじ書房.

鈴木雅雄・中田健太郎（編）（2022）『マンガメディア文化論─フレームを越えて生きる方法』

水声社.

竹内オサム（2005）『マンガ表現学入門』筑摩書房.

多々良直弘（2008）「スポーツ・コメンタリー——メディアが創るスポーツという物語」唐須教光（編）『開放系言語学への招待——文化・認知・コミュニケーション』pp. 193-210, 慶應義塾大学出版会.

辻　幸夫（編）(2013)『新編　認知言語学キーワード辞典』研究社 .

和田裕一ほか（2018）「マンガの読みにおける状況モデルの更新」『マンガ研究』**24**：93-114.

山田奨治（編）(2017)『マンガ・アニメで論文・レポートを書く——「好き」を学問にする方法』ミネルヴァ書房.

四方田犬彦（1994）『漫画原論』筑摩書房.

吉村和真・ベルント，ジャクリーヌ（2020）『ブックガイドシリーズ基本の 30 冊 マンガ・スタディーズ』人文書院.

| 第6章 | 永田昌明 |

ことばと機械翻訳

◆キーワード

統計的機械翻訳，ニューラル言語モデル，ニューラル機械翻訳，Transformer，BERT，大規模言語モデル，指示チューニング，ChatGPT

　コンピュータで人間の言葉を扱う技術を自然言語処理（natural language processing）という．自然言語処理の中で，コンピュータを使ってある言語を別の言語へ変換する技術を機械翻訳（machine translation）と呼ぶ．空を飛ぶ技術が，鳥の真似から始まって現在の飛行機に至るように，言葉を翻訳する技術も，人間の真似から始まった．本章では，母語話者並みに流暢な文を生成するといわれる現在のニューラル機械翻訳に至るまでの技術の流れを俯瞰することを通じて，人間が言葉を理解する能力や人間が言葉を話す能力について考える手がかりを得ることを目指す．

第1部　現在までの流れ

第1節
ルールベース翻訳

　第二次世界大戦後にコンピュータが生まれると，すぐにコンピュータを使ってある言語を別の言語へ翻訳しようという試みが始まる．一般的には，1946年にペンシルバニア大学で弾道計算のために開発されたエニアック（ENIAC: Electronic Numerical Integrator and Computer）が最初のコンピュータとされている．そして1954年にジョージタウン大学とIBMがロシア語から英語へ翻訳するプロジェクトの公開実験を行ったのが機械翻訳の始まりとされている．初期の機械翻訳は「ルールベース（rule-based）」と呼ばれる方法で言語の翻訳を実現した．これは人間が外国語を解釈し，訳文を作る手順をそのままコンピュータを使って真似る方法である．

　機械翻訳では，翻訳元の言語を原言語（source language），翻訳先の言語を目的言語（target language）と呼ぶ．ルールベース翻訳は，図6.1のように，原言語の文の意味を解析して意味表現を作成し，それを目的言語の意味表現へ

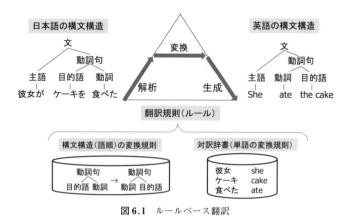

図 6.1　ルールベース翻訳

変換し，目的言語の文を生成するという 3 つのステップから構成される．

　例えば，「彼女がケーキを食べた」という日本語文を "She ate the cake" という英語文へ翻訳する場合を考える．まず原言語文の構文構造を解析し，「彼女」が主語，「ケーキ」が目的語であることを同定する．次に，日本語は主語（S）・目的語（O）・動詞（V）という語順なのに対して，英語は主語（S）・動詞（V）・目的語（O）という語順なので，動詞句において目的語と動詞の順番を入れ替えるという語順の変換規則を適用して，日本語の構文構造から英語の構文構造へ変換する．最後に「彼女」は she，「ケーキ」は cake，「食べた」は ate になるという単語の変換規則（対訳辞書）を適用して，"She ate the cake" という英語の文を生成する．

　ルールベース翻訳の研究開発は，構文変換の規則と対訳辞書の語彙を増やせば，やがて人間並みの能力を持つ機械翻訳を実現できるだろうという楽観的な予測から始まった．しかし，人間の言語は少数の規則で記述できるほど簡単ではないことや，多くの規則を矛盾なく管理するのは難しいことが明らかになった．そのため，ルールベース翻訳の翻訳精度は伸び悩み，2000 年代に入ると，次に述べる統計的機械翻訳やニューラル機械翻訳にとって代わられることになる．

第2節
統計的機械翻訳

(a) 雑音のある通信路モデル

コンピュータが普及し，テキストデータの蓄積が進むと，テキストデータから知識を獲得する試みが始まる．電子化された言語データの集合をコーパス（corpus）と呼び，互いに翻訳になっているテキストの集合を対訳コーパス（parallel corpus），1つの言語だけからなるテキストの集合を単言語コーパス（monolingual corpus）と呼ぶ（コーパスについては第7章を参照）．統計的機械翻訳（statistical machine translation）(Brown et al., 1993) は，図6.2に示すように，大量の対訳コーパスから，ルールベース翻訳における翻訳規則に相当する知識を統計的に学習する方法である．

1990年前後にIBMのワトソン研究所の音声認識のグループは，当時，音声認識の分野で成功を収めていた雑音のある通信路モデル（noisy channel model）を機械翻訳へ適用した．すなわち，情報源から生成されたある言語（例えば日本語）の文が通信路の雑音により別の言語（例えば英語）の文に変形したと考え，通信路により変形された原言語（英語）の文 X から元の目的言語（日本語）の文 Y を推定することを言語翻訳とみなす．これが統計的機械翻訳（統計翻訳）の基本的な考え方である．

まずベイズの定理を使って原言語の文 X が目的言語の文 Y に翻訳される確率 $P(Y|X)$ を，$P(Y)$ と $P(X|Y)$ の積に分解する．そして原言語文 X の目的言語への翻訳として，確率 $P(Y|X)$ を最大化する目的言語の単語列 $\hat{Y}$ を出力

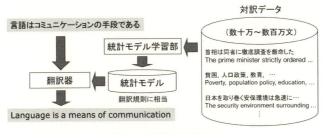

図 6.2　統計的機械翻訳

112　　　　　　　　　　　第6章　ことばと機械翻訳

する[1].

$$\hat{Y} = \arg\max_{Y} P(Y|X) = \arg\max_{Y} P(Y)P(X|Y) \tag{1}$$

ここで情報源が目的言語の文を生成する確率 $P(Y)$ を言語モデル（language model），通信路が目的言語文を原言語文に変換する確率 $P(X|Y)$ を翻訳モデル（translation model）と呼ぶ．統計翻訳では，後述するマルコフモデルを用いて目的言語の単言語コーパスから言語モデルを学習し，後述する IBM モデルを用いて対訳コーパスから翻訳モデルを学習する．統計翻訳では，翻訳方向と逆向きの翻訳モデル $P(X|Y)$ を使用することに注意が必要である．

（b）統計的言語モデル（マルコフモデル）

統計的言語モデル（statistical language model）は，文または単語列の出現確率を計算する確率モデルである．例えば，「私は海へ行く」という文の確率は「私」「は」「海」「へ」「行く」という5つの単語がこの順番で同時に出現する確率と考え，この同時確率を以下のような条件付き確率の積に分解する．

$$P(私は海へ行く)$$
$$= P(私, は, 海, へ, 行く)$$
$$= P(私)P(は|私)P(海|私, は)P(へ|私, は, 海)P(行く|私, は, 海, へ) \tag{2}$$

すなわち厳密には，文中のある単語の出現確率は，文頭から直前までのすべての単語に依存する．

標準的な統計的言語モデルであるマルコフモデル（Markov model）では，ある単語の出現確率は，直前の単語だけに依存すると仮定（近似）する．

$$P(私は海へ行く) = P(私)P(は|私)P(海|は)P(へ|海)P(行く|へ) \tag{3}$$

同様に，2次マルコフモデルでは，ある単語の出現確率は，直前の2単語だけに依存すると仮定（近似）する．

---

[1]　変数 x を引数（argument）とする関数 $f(x)$ において $\arg\max_{x} f(x)$ とは関数 f の値を最大とする引数 x の値を表す．式（1）では，出力 Y を探索する際に入力 X は変化しないので $P(Y|X)$ は Y だけを引数とする関数である．つまり原文 X に対する訳文 Y は様々な単語列になる可能性があるが，その中で確率 $P(Y|X)$ が最も大きい訳文が $\hat{Y}$ である．

$P(私は海へ行く) = P(私)P(は｜私)P(海｜私,は)P(へ｜は,海)P(行く｜海,へ)$ (4)

ちなみに記号の系列において，連続する n 個の記号の組を ngram（エヌグラム）と呼ぶ．n = 1, 2, 3 のとき，それぞれ unigram（ユニグラム），bigram（バイグラム），trigram（トライグラム）と呼ぶ．単語の（1次）マルコフモデルは単語 bigram モデル，2次マルコフモデルは単語 trigram モデル，n − 1 次マルコフモデルは単語 ngram モデルと呼ばれる．

統計的言語モデルでは，訓練データにおける単語 ngram の相対頻度から単語 ngram 確率を求める．例えば以下のように単語 bigram 確率 $P(w_i｜w_{i-1})$ は単語 bigram 頻度 $C(w_{i-1}, w_i)$ と単語 unigram 頻度 $C(w_{i-1})$ から求める．

$$P(w_i｜w_{i-1}) = \frac{C(w_{i-1}, w_i)}{C(w_{i-1})} \quad (5)$$

しかし，そのままでは訓練データに出現しない単語 ngram の確率が 0 になる．そこで例えば単語 bigram 確率を単語 unigram 確率で補間するなどの平滑化（smoothing）が必要になる．

(c) 統計的翻訳モデル（IBM モデル）

対訳コーパスから統計的に翻訳モデルを推定する原理を図 6.3 を使って説明する．互いに翻訳である文対において，互いに翻訳になっている単語対を同定することを単語対応（word alignment）という．例えば図 6.3 の左側に示す「彼女は犬をかんだ」と "She bit the dog" という対訳文対では，「彼女」と "She"，「犬」と "dog"，「かんだ」と "bit" が対応する．

もし与えられた対訳文対に対して単語対応を求める手段が存在すると仮定すると，対訳データにおいて単語対応を求めて日本語の単語と英語の単語が互いに翻訳になる回数を数えれば，図 6.3 の右側に示す単語翻訳確率を求めることができる．逆にもし単語翻訳確率を求める手段が存在すると仮定すると，与え

図 6.3 単語に基づく翻訳モデル（IBM モデル）

られた対訳文対において最も確率が高い単語対の組み合わせを探せば単語対応を求めることができる.

すなわち単語対応と単語翻訳確率は,一方が求まれば他方が求まるという「卵と鶏」の関係にある. IBM の研究者は,音声認識で使われていた期待値最大化（expectation maximization）アルゴリズムと呼ばれる反復改善法を使って,単語対応または単語翻訳確率のランダムな初期値から始めて,一方から他方を求めることを繰り返すことにより,単語対応と単語翻訳確率を両方とも求める方法（IBM モデル）を考案した.

単語に基づく統計翻訳モデルである IBM モデルをそのまま翻訳に適用すると,原言語の単語の削除,目的言語の単語の挿入,原言語と目的言語の多対多対応などの複雑なケースを考慮する必要があり,計算量の多さや理論の難解さのせいもあって,1990 年代にはあまり広まらなかった.

しかし,2001 年に米国で同時多発テロ事件が起きると,米国は国防費を投入して,アラビア語および中国語から英語への機械翻訳の研究に取り組むようになる. 同時多発テロに深く関係したアラブ世界,および,経済成長著しい中国に関する情報を収集することが,この時代の要請であった.

この研究開発の流れの中で,連続した単語列を 1 つにまとめた句（phrase）という単位を導入することによって単語に基づく統計翻訳の問題点を解決する「句に基づく統計翻訳（phrase-based statistical machine translation）」が考案された（Koehn et al., 2003）. そしてこの技術を実用化したのが,2006 年からサービスを開始した Google 翻訳（Google Translate）である.

第3節
ニューラル機械翻訳

(a) ニューラルネットワーク

2014 年前後にニューラル機械翻訳（ニューラル翻訳,neural machine translation: NMT）という新しい技術が考案され,わずか 3 年後の 2016 年に Google はニューラル翻訳による機械翻訳サービスを開始した. 本節ではニューラル機械翻訳の基礎を説明する.

ニューラルネットワークは,図 6.4 の左側に示すように,複数の入力信号の重み付き和を求める線形変換と,それを複数の選択肢のどれか 1 つに分類する

スコアを出力する非線形変換の組み合わせを基本要素とする．非線形変換には，sigmoid 関数（二値分類）や softmax 関数（多値分類）などを用いる．そして，図 6.4 の右側に示すように，入力信号や基本要素の数を増やしたり，ある基本要素の出力を別の基本要素の入力にして何段も積み重ねる．ニューラルネットワーク（神経回路網）という名前は，基本要素が生物の神経細胞（ニューロン）に相当し，ニューロンが複雑に接続して神経を構成する様子を真似たことに由来する[2]．

同じ入力信号を共有する基本要素の集まりを「層（layer）」と呼び，ある層の基本要素の数を層の「幅」または「大きさ」と呼ぶ．入力信号を扱う層を入力層，出力信号を扱う層を出力層，入力層と出力層の間の層を中間層または隠れ層と呼ぶ．ニューラルネットワークの層の数を「高さ」または「深さ」という．基本要素の 2 段の積み重ねは 3 層のネットワークになる．入力層（入力信号），中間層，出力層（出力信号）の具体的な値（状態）は連続的に変化する数値であり，層の大きさに等しい長さを持つ実数ベクトルで表現する．

図 6.4 の線形変換の係数（重み w_i やバイアス b）をニューラルネットワークのパラメタ（parameter）という．パラメタを変えるとニューラルネットワークの動作が変わる．理論的には，無限の幅を持つ 3 層のニューラルネットワークは，任意の関数を近似できる万能関数（universal function）であることが証明されている．

ニューラルネットワークのパラメタは，与えられた訓練データに対する損失を最小化するように決める．ここで「損失（loss）」とは，ニューラルネットワー

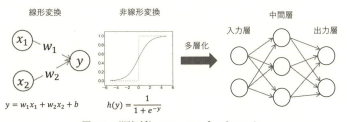

図 6.4　（順伝播）ニューラルネットワーク

---

[2] ニューラルネットワークの詳細は他書に譲ることにして，ここでは本章の理解に最低限必要なことだけを述べる．

クの性能の悪さを表す指標である．損失には，例えば交差エントロピー誤差（cross entropy error）のように，あるデータ集合に対してニューラルネットワークによる予測と正解を比較した際に，正解の数が増え，かつ，それぞれの正解の確率が高いほど，小さな値になるように定義された尺度を用いる．

損出を最小とするパラメタを求めるには，誤差逆伝播法（back propagation）を用いて損失の勾配を求め，勾配降下法（gradient descent）を使って，損失の変化率が最大となる方向へパラメタを少し変えることを繰り返す．実際には訓練データの一部をサンプリングしてパラメタの更新を繰り返す確率的勾配降下法（stochastic gradient descent: SGD）を用いることが多い．

図 6.4 の右側のような最も基本的なニューラルネットワークを順伝播ニューラルネットワーク（feed foward neural network）または全結合ニューラルネットワーク（fully-connected neural network）と呼ぶ．この他，後述する再帰ニューラルネットワークや Transformer など様々な構造（アーキテクチャ）を持つニューラルネットワークが考案されている．

(b) ニューラル言語モデル

株価や気温のように時間の経過とともに刻々と変化するデータを予測する際には，再帰ニューラルネットワーク（recurrent neural network: RNN）を使用することが多い．再帰ニューラルネットワークは，図 6.5 の左側のように，入力に加えて，直前の隠れ層の状態を入力として次の隠れ層の値を計算し，隠れ層の値から出力を計算する．再帰ニューラルネットワークを使って現在の単語を入力として次の単語を予測すれば，言語モデルを作ることができる．ニューラルネットワークを用いた言語モデルをニューラル言語モデルと呼び，再帰

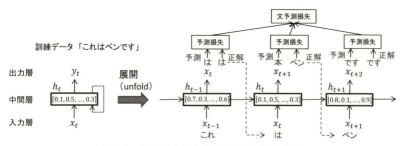

図 6.5　教師強制による RNN 言語モデルの訓練

第1部 第3節 ニューラル機械翻訳 117

ニューラルネットワークを用いた言語モデルを RNN 言語モデルと呼ぶ. RNN
言語モデルは，直前のステップで出力した値を次のステップの入力とするとい
う特徴を持つ. このようなモデルを自己回帰（autoregressive）モデルと呼ぶ.

図 6.5 に教師強制（teacher forcing）と呼ばれる RNN 言語モデルを訓練す
る方法を示す. 再帰ニューラルネットワークは，入力系列と隠れ状態と出力系
列を時間順に展開（unfold）すると，順伝播ニューラルネットワークと同様と
みなせる. まずニューラルネットワークのパラメタをランダムに初期化する.
訓練データとして「これはペンです」という文が与えられた場合，「これ」と
いう入力に対して「は」を出力し，「は」に対して「ペン」,「ペン」に対して「で
す」を出力するようにニューラルネットワークを訓練する. 具体的には，もし
「は」という入力に対して「本」が出力されたら，間違った予測「本」と正解「ペ
ン」の確率を比較して損失を計算し，損失が小さくなるように勾配降下法で
ニューラルネットワークのパラメタを調節する. 多くの訓練データを用いて，
パラメタの調節を繰り返すことにより次の単語を正しく予測するようなパラメ
タの値を決めることができる.

図 6.5 において再帰ニューラルネットワークが展開された様子を見ると，あ
る時点の入力の情報を持つ隠れ状態が次の時点の隠れ状態に入力されるので，
ある時点の隠れ状態は，それ以前のすべての入力の情報を持っている. すなわ
ち，過去の有限長の入力しか記憶していない統計的言語モデルとは異なり，
ニューラル言語モデルは，過去のすべての入力の情報を利用して次の単語を予
測する無限長の履歴を持つ言語モデルになっている.

(c) 単語埋め込み

次に単語をニューラルネットワークに入力する方法について説明する.
ニューラルネットワークにおける単語の表現法には，図 6.6 に示すように one-
hot ベクトルと単語埋め込み（word embedding）がある.

One-hot ベクトルは，訓練データの語彙の大きさ（異なり単語数）が $|V|$ の
とき，各単語に $1 \sim |V|$ の単語番号 i を割り振って，単語番号 i の単語を，i 番
目の要素が 1 でその他が 0 である $|V|$ 次元のベクトルで表現する. 一方，単語
埋め込みは，$|V|$ 個の単語をそれぞれ D 次元の実数ベクトルで表現する. 一般
的には $|V|$ は 3 万語程度，D は 500 次元程度であることが多い.

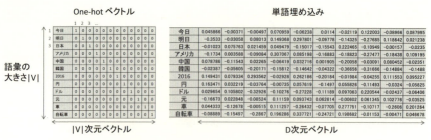

図 6.6 one-hot ベクトルと単語埋め込み

　ニューラルネットワークに単語を入力する場合，ニューラルネットワークの入力層と中間層の間に単語埋め込み層と呼ばれる |V| 行 D 列の行列を用意する．入力層には単語の one-hot ベクトルを入力し，one-hot ベクトルと単語埋め込み層の行列のかけ算により単語埋め込みを求め，これを中間層に入力する．

　単語埋め込みは，ランダムに初期値を与え，図 6.5 の要領で次単語予測を繰り返すと，次単語予測の損失を最小化するように値を決めることができる．単語埋め込みは，意味的に近い単語が D 次元のベクトル空間で近い位置に配置される（埋め込まれる），すなわち，単語間の類似度がベクトル空間の類似度に対応するという興味深い性質を持っている．統計的言語モデルは，訓練データに存在しない ngram の確率が 0 になってしまうために何らかの平滑化が必要であったが，ニューラル言語モデルは，意味的に似た単語や文脈の情報をモデルの中で共有するので，自然に平滑化を実現できる．

(d) エンコーダデコーダモデル

　エンコーダデコーダモデルは，エンコーダ（符号化器，encoder）がある形式の入力データを埋め込みベクトル（意味表現）に変換し，デコーダ（復号器，decoder）がその埋め込みを別の形式の出力データへ変換するようなニューラルネットワークを用いたデータ変換方式の総称である．特に入力と出力が言語のような一次元データであるエンコーダデコーダモデルを系列変換（sequence-to-sequence）モデルと呼ぶ．

　図 6.7 にエンコーダとデコーダに RNN を使用した RNN エンコーダデコーダモデルによるニューラル機械翻訳の例を示す（Sutskever et al., 2014）[3]．エンコーダの RNN は原言語文の単語を先頭から 1 つずつ読んで，直前の内部状

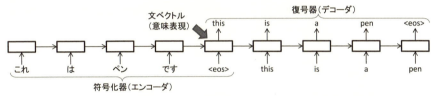

図 6.7 再帰ニューラルネットワーク（RNN）を用いたエンコーダデコーダモデル

態と現在の単語を入力として内部状態を更新することを繰り返す．そして文末記号 <eos> を読んだ後の内部状態（ベクトル）を原言語文の意味表現とする．デコーダの RNN は原言語文の意味表現を初期状態として，直前の内部状態と直前に出力した単語を入力として内部状態を更新して目的言語文の単語を 1 つずつ出力することを繰り返す．そしてデコーダが文末記号 <eos> を出力したら処理を終了する．

RNN エンコーダデコーダモデルは，対訳文対を訓練データとして図 6.5 に示した RNN 言語モデルの教師強制と同じ手順で訓練できる．まずニューラルネットワークの重みをランダムに初期化する．原言語文の各単語を入力した際の RNN の出力を無視する（損失の計算に含めない）ことがポイントである．目的言語文の各単語を入力した際の RNN の出力と正解を比較して損失を計算し，損失が小さくなるようにニューラルネットワークのパラメタを調節する．

入力文 X を読んだ後に出力文 Y に関する予測の損失だけを考慮してパラメタを調節することにより，エンコーダデコーダモデルは，入力文 X が与えられたときに出力文 Y を生成する次式のような条件付き確率的言語モデル $P(Y|X)$ を実現する[4]．

$$P(Y|X;\theta) = \prod_{j=1}^{m} P(y_j | y_{<j}, X; \theta) \tag{6}$$

ここで θ はモデルのパラメタであり，$y_{<j}$ は出力文 Y の文頭から単語 y_j の直前までの単語列すなわち $y_{<j} = y_1, \ldots, y_{j-1}$ を表す．

---

[3] RNN エンコーダデコーダ論文の筆頭著者であるイリヤ・スツケバー（Ilya Sutskever）（当時 Google）は後に OpenAI の共同創設者の一人となる．
[4] k をインデックスとする長さ n の列 $a_1, a_2, \ldots, a_n$ に対して列のすべての要素を掛けたものを $\prod_{k=1}^{n}$ と表記する．すなわち $\prod_{k=1}^{n} = a_1 \times a_2 \times \cdots \times a_n$ である．

ニューラル機械翻訳は原言語文を条件部とする無限長の記憶を持つ目的言語文の言語モデルである点で，統計的機械翻訳よりもずっと自然な確率モデルである．さらに単語や文の意味を数値ベクトルで表現するため，アナログ的な意味的類似性をモデルに反映できることが，ニューラル機械翻訳が母語話者並みに滑らかで流暢な文を生成できる理由である．

(e) 注意機構付きエンコーダデコーダモデル

RNN エンコーダデコーダモデルは，入力文の意味を固定長ベクトルで表現するので，長い文の表現能力が低くなり，長い文の翻訳精度が下がるという問題点がある．そこで出力文の各単語を生成する際に注目すべき入力文の単語を動的に選択する仕組みである注意機構（attention mechanism）（Bahdanau et al., 2015）が考案された．

図 6.8 は，「私は猫が好き」という入力文を "I love cats" という出力文へ翻訳する際の注意機構の動作の例を示す．注意（attention）は，"I" を出力する際には「私」に注目（attend）し，"love" を出力する際には「好き」に注目するというような入力文の各単語に対する重みの分布である．入力文が長い場合でも，出力文の各単語を出力する際には入力文の特定の単語の情報を選択的に利用するので，長い文の翻訳精度が上がる．

注意機構の導入に伴い，エンコーダの役割は，入力文の意味を表現する文ベクトルを作ることから，入力文の各単語の意味を表現する単語ベクトルを作ることに変わった．注意機構付き RNN エンコーダデコーダモデルでは，文頭か

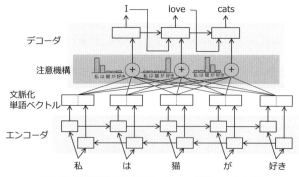

図 6.8 注意機構付き RNN エンコーダデコーダモデル

ら文末方向の RNN と文末から文頭方向の RNN の内部状態を連結したものを単語ベクトルとして用いる．この仕組みを双方向（bidirectional）RNN と呼ぶ．

双方向 RNN を用いると，例えば，「銀行」と「土手」という語義を持つ英語の単語 "bank" に対して，もし入力文中に "money" という単語が存在すれば「銀行」の意味を表現する単語ベクトルを作成し，入力文中に "river" という単語が存在すれば「土手」の意味を表現する単語ベクトルを作成することが可能になる．このように入力文における前後の文脈を考慮して単語ベクトルを作成（再構成）することを単語ベクトルの文脈化（contextualize）と呼ぶ．

注意機構は，重み付き加算を用いて複数の対象から情報を選択的に収集する仕組みである．注意の大きさ（重み）は，エンコーダが出力する入力文の各単語に対する文脈化単語ベクトルと，ある単語を出力する際のデコーダの内部状態の類似度で決まる．注意機構の内部のパラメタは，ランダムに初期値を与え，訓練データの入力文に対する出力文の損失を最小化するように決める．

順伝播ニューラルネットワークや再帰ニューラルネットワークのような従来のニューラルネットワークでは，訓練中はパラメタが変化するが，訓練が終わるとパラメタは固定される．注意機構は，入力データに応じて重み付き加算（線形変換）の重みを変化させる仕組みを実現したことが革新的である．これが後述する Transformer の誕生につながる．

2016 年に Google は，8 層の RNN エンコーダ（1 層目だけ双方向 RNN）と 8 層の RNN デコーダから構成される注意機構付き RNN エンコーダデコーダモデルを使って，ニューラル翻訳による機械翻訳サービスを開始した．当時の Google のニュースリリースでは，ニューラル機械翻訳は，従来の統計的機械翻訳に比べて誤りを半分にし，比較的近い言語対である英語とスペイン語および英語とフランス語の翻訳において人間による翻訳の精度に近づいたと主張している．語順の差が大きい言語対ほど，統計翻訳からの改善幅が大きいので，日本語と英語はニューラル翻訳により最も劇的に精度が向上した言語対の 1 つである．

第4節
Transformer

(a) 自己注意によるエンコーダの並列化

再帰ニューラルネットワーク（RNN）に基づく機械翻訳は，入力文の単語を1つずつ読み込み，出力文の単語を1つずつ書き出すので，並列化が難しく，大規模な訓練データを扱えないという問題があった．そこで2017年にGoogleは，注意機構を使って再帰性を取り除いて並列計算を可能にした新しいニューラルネットワーク Transformer を提案した（Vaswani et al., 2017）．Transformer は，従来の注意機構付き RNN エンコーダデコーダモデルに比べて翻訳精度が高く，訓練が高速である．そのため大量の対訳データを使って翻訳モデルを訓練したり，翻訳モデル自体を大規模化することが可能になった．Transformer は，現在の ChatGPT に代表される大規模言語モデルへ至る技術革新の原点である．

Transformer は第3節（e）で説明した注意機構付きエンコーダデコーダモデルの一種である．図 6.9 に Transformer の概略を示す．図 6.9 の左下がエンコーダであり，左上と右半分がデコーダである．エンコーダは，自己注意層

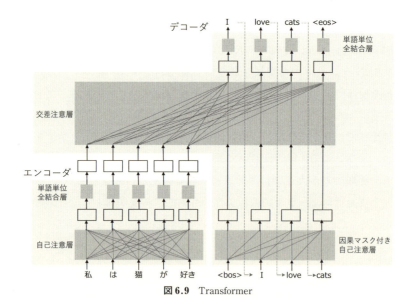

図 6.9　Transformer

と全結合層（順伝播ニューラルネットワーク）から構成され，デコーダは，自己注意層と交差注意層と全結合層から構成される．実際には，表現力を高めるためにエンコーダとデコーダをそれぞれ6回積み重ね，訓練を安定化させるために残差結合（residual connection）や層正規化（layer normalization）などの処理を組み合わせるが，ここでは説明を省略する．

Transformerのエンコーダは入力文のすべての単語から情報を取捨選択して入力文の各単語の文脈化単語ベクトルを出力する．デコーダは，エンコーダが出力する文脈化単語ベクトルと，直前までに出力した単語列の情報を持つデコーダの内部状態から次に出力する単語を決める．エンコーダとデコーダをつなぐ交差注意(cross attention)の役割は，注意機構付きRNNエンコーダデコーダモデルの注意機構と同じである．すなわち次に出力すべき単語の予測に必要な入力文の単語の情報を収集する．

注意機構付きRNNエンコーダデコーダモデルのエンコーダは，ある単語より文頭側にある単語列と文末側にある単語列の情報をそれぞれ別のRNNを使って収集し，文脈化単語ベクトルを作成する．この際に逐次的に1つずつ単語をRNNへ入力することが並列化を阻み，計算上のボトルネックになる．これに対してTransformerのエンコーダは，自己注意（self-attention）を用いて，入力文の各単語の文脈化単語ベクトルを並列的に作成する．

自己注意は，ある入力文の単語と入力文のすべての単語とに関する何らかの観点による類似度を重みとして，入力文の単語ベクトルの重み付き和を求めることにより，入力文の単語の情報を取捨選択して単語ベクトルを再構成する仕組みである．交差注意の対象が別の文から同じ文になったと思えばよい．

交差注意や自己注意における「何らかの観点」は，入力文や出力文の単語ベクトルに対する線形変換で表現し，訓練データの入力文に対する出力文の損失が最小になるように決める．これは入力文や出力文の内容に応じた特徴抽出を自動的に行うことを意味する．また交差注意や自己注意は，GPU（graphics processing unit，画像演算処理装置）を使って並列かつ高速に計算できる．さらにTransformerでは，交差注意や自己注意の線形変換を複数用意して異なる観点から情報を収集することにより翻訳精度を高める．この仕組みをマルチヘッド注意（multi-head attention）と呼ぶ．

（b）因果マスクによるデコーダの訓練の並列化

注意機構付き RNN エンコーダデコーダモデルのデコーダは，RNN を使って単語を１つずつ生成する．現在の出力は，過去のすべての出力に依存するという自己回帰モデルの特徴を模倣するために，Transformer のデコーダでは，図 6.9 の右下に示すように，自己注意層において自分より文頭側の単語しか参照しないという制約を加える．これを因果マスク（causal mask）と呼ぶ．

Transformer のデコーダにおいて自己注意と因果マスクの組み合わせで RNN を代替することにより，図 6.5 で説明した教師強制によるモデルの訓練を並列化できる．すなわち図 6.9 は全体として，原言語文と目的言語文の対を入力とし，目的言語文の各単語に対して次の単語を並列に出力する１つのネットワークになっている．Transformer は，訓練の並列化により大規模な訓練データを扱えるようになり，これが複数の対訳データから１つの翻訳モデルを学習する多言語翻訳や，現在の大規模言語モデルを実現する出発点となる．

しかし，原言語文を目的言語文へ翻訳する際には，Transformer のエンコーダは入力文のすべての単語を並列に読み込むが，Transformer のデコーダは RNN 言語モデルと同様に直前に出力した単語を入力として次の単語を１つずつ出力する．後述する大規模言語モデルは Transformer のデコーダが大規模化したものなので，デコーダが自己回帰モデルであることが大規模言語モデルの動作が遅い根本的な原因である．デコーダが単語を並列に出力して文を生成する非自己回帰（non-autoregressive）モデルによる機械翻訳（Gu et al., 2018）も研究されているが，少なくとも現時点では自己回帰モデルの精度に及ばない．

（c）位置符号化と単語単位の全結合層の役割

RNN は１つずつ単語を読み込むので，単語を読み込む順番で文中の単語の位置が分かる．しかし，Transformer は文のすべての単語を同時並列に読み込むので，そのままでは位置の情報がない．そこで単語埋め込みベクトルと同じ次元のベクトルで単語の位置情報を表現する位置埋め込みベクトルを作成し，入力単語の埋め込みベクトルに位置埋め込みベクトルを加算したベクトルをニューラルネットワークへ入力する．これを位置符号化（positional encoding）と呼ぶ．

Transformer の原論文（Vaswani et al., 2017）では，周波数と位相の異なる

正弦波関数を使って文中の単語の絶対位置を表現する正弦波位置符号化（sinus-oidal positional encoding）を提案している．しかし，後述する BERT などの Transformer の発展形では，単語埋め込みベクトルと同様に，出力の予測の損失を最小化するように位置符号化ベクトルを学習する学習型位置符号化（learned positional encoding）を用いることが多い．

　Transformer のエンコーダとデコーダは，自己注意や交差注意を用いた単語ベクトルの再構成（文脈化）の後に，各単語に対して 3 層の全結合層（順伝播ニューラルネットワーク）を配置し，ネットワークの表現力を高めている．この単語別の順伝播ネットワーク（position-wise feed-forward network）は，入力層と出力層の大きさが単語ベクトルと同じで，中間層が単語ベクトルの 4 倍の大きさを持つことが特徴であり，Transformer のパラメタ全体の 2/3 を占めている．Transformer の全結合層の役割は十分に解明されていないが，例えば「日本の首都は」の次の単語は「東京」というように特定の入力パタンに対する出力のような文脈に依存しない固定的な知識を格納しているといわれている（Geva et al., 2021）．

第 5 節
訓練済み言語モデル

(a) 転移学習とファインチューン

　機械翻訳において，Transformer エンコーダは原言語文の意味を理解する役割を担い，Transformer デコーダは目的言語文を生成する役割を担う．そこでテキスト分類など文の意味を理解するタスクに Transformer エンコーダだけから構成されるエンコーダモデル（encoder-only model）を使用し，要約など文を生成するタスクに Transformer デコーダだけから構成されるデコーダモデル（decoder-only model）を利用する試みが始まった．さらに Transformer と転移学習の組み合わせが有効であることが分かった．

　転移学習（transfer learning）とは，すでに訓練されたモデルを，他の類似タスクのモデルを訓練するために使用することである．図 6.10 の左側に示すように，2 つのタスクがある場合，通常はそれぞれの訓練データを使ってタスクごとに別のモデルを訓練する．転移学習は，図 6.10 の中央に示すように，あるタスクの訓練データで訓練したモデルを出発点として，別のタスクの訓練

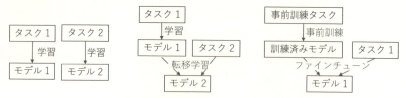

図 6.10 転移学習とファインチューン

データで訓練してそのタスクのモデルを作るので，ゼロから訓練するより迅速で簡単である．

特に Transformer を使った自然言語処理では，転移学習の一種として，図6.10 の右側に示すように，訓練済みモデル（pre-trained model）をファインチューン（fine-tune, 微調整）する方法が広く用いられる．

訓練済みモデルは，大量のデータと事前訓練タスクを使って処理対象の特徴表現を学習したモデルである．事前訓練タスクは，後述する次単語予測のように，問題と解答のペアを大量に用意でき，かつ，処理対象の特徴を習得できる基本的なタスクを指す．そして下流タスク（downstream task）の少量の訓練データで訓練済みモデルをファインチューンすることにより下流タスクのモデルを得る．ここで下流タスクとは，テキスト分類や質問応答などのユーザが解決したいタスクを指す．事前訓練とファインチューンをスポーツにたとえると，ストレッチなどの準備運動や素振りなどの基礎練習を十分に行った後に試合形式の練習で調整するようなものである．

(b) デコーダモデル：GPT

2018 年に OpenAI は，次単語予測タスクで 12 層の Transformer デコーダを事前訓練した訓練済み言語モデル GPT（当時は Generative Pre-Training，最近は Generative Pre-trained Transformer）を提案した（Radford et al., 2018）．Toronto Book Corpus（約 7,000 冊）で GPT を事前訓練し，自然言語推論のような分類タスクや意味的テキスト類似度のような回帰タスクの訓練データでファインチューンすると，それぞれのタスクの訓練データだけで訓練したモデルを上回る精度を実現した．

ここでいう Transformer デコーダは，図 6.9 の右側から交差注意層を取り除いたものである．すなわち自己注意層と全結合層から構成され，自己注意層

に因果マスクを適用して文頭から1つずつ単語を生成するニューラルネットワークである．次単語予測タスクで事前訓練することは，図 6.5 においてRNN の代わりに Transformer を使ってニューラル言語モデルを訓練することと同じである．

図 6.11 に GPT を自然言語推論に適用する例を示す．自然言語推論（natural language inference）は，与えられた2つの文の関係を，含意（entailment），矛盾（contradiction），中立（neutral）の3つから選ぶ．入力となる2文を，それぞれ前提（premise）と仮説（hypothesis）と呼ぶ．例えば，「デスクにノートパソコンなどが置かれている」という前提が正しいなら，「デスク上には何も置かれていません」という仮説とは矛盾する．このタスクは 2000 年代にはテキスト含意認識（recognition of text entailment）と呼ばれていたが，SNLI（Stanford Natural Language Inference Corpus）（Bowman et al., 2015）というデータセットが整備されたころから自然言語推論と呼ばれるようになった．

GPT を使った自然言語推論では，図 6.11 の右側のように，前提と仮説を連結した文字列を入力する．ここで <s> と <e> は文頭と文末を表す特殊記号，$ は文の区切りを表す特殊記号である．自然言語推論タスクのために，前提と仮説の文対を含意，矛盾，中立のいずれかへ分類する出力層を文末の位置に付加してファインチューンを行う．

(c) エンコーダモデル：BERT

2018 年後半に Google は，単語穴埋めと次文予測という2つの事前訓練タスクで 12 層の Transformer エンコーダを訓練した訓練済み言語モデル BERT（Bidirectional Encoder Representation from Transformers）を発表した（Devlin et al., 2019）．BERT は，質問応答，自然言語推論，感情分析，固有表現抽出

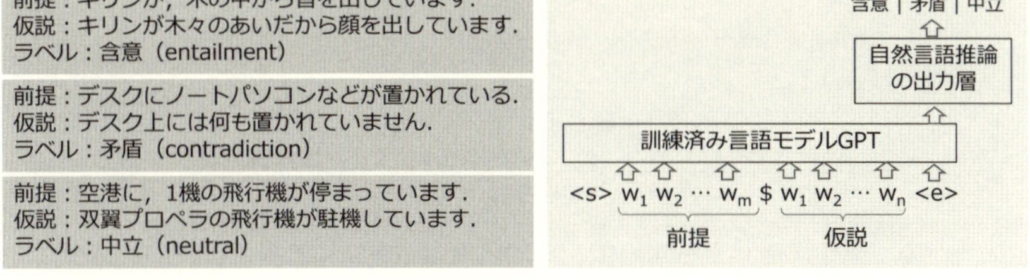

図 6.11 GPT の応用：自然言語推論（例は JNLI（Kurihara et al., 2022）から選択）

など数多くの下流タスクで当時の最高精度を達成し，訓練済み言語モデルをファインチューンして使うアプローチを現在の自然言語処理の定石にした．

GPT で使われた次単語予測は，文頭から予測対象の単語までの片方向（unidirectional）の文脈を使ってその単語を予測するのに対し，単語穴埋め（masked language modeling）は，予測対象の単語を前後の双方向（bidirectional）の文脈を使って予測する．例えば図 6.12 の上側では「吾輩は [MASK] である」という入力に対して「猫」を予測する．ここで [MASK] は穴埋めの対象となる隠された単語を表す特殊記号である．次文予測（next sentence prediction）は，入力された 2 つの文が元のテキストにおいて連続する文か否かを判定する．図 6.12 の下側では，「名前は [MASK] ない」と「吾輩は [MASK] である」は元のテキストとは逆順なので，"NotNext" と予測する．ここで [CLS] は入力の先頭に付加し，入力全体の属性を予測する目的で使用する特殊記号，[SEP] は 2 つの文の間に挿入し，文の区切りを表現する特殊記号である．

単語穴埋めと次文予測は，自然言語の訓練テキストがあれば簡単かつ大量に問題と正解の対を作成することができる．前者はモデルが単語の意味表現を獲得するのに役立ち，後者は文と文の意味関係を獲得するのに役立つ．BERT の事前訓練では Toronto Book Corpus（8 億単語）と英語版の Wikipedia（25 億単語）を利用した．

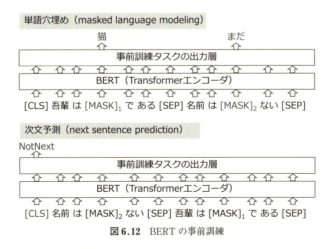

図 6.12　BERT の事前訓練

図 6.13 に BERT を SQuAD 形式の質問応答へ適用する例を示す．SQuAD (Stanford Question Answering Dataset) は，Wikipedia 記事に対して回答が記事の部分文字列（＝スパン）であるような質問を人手で作成した質問応答データである（Rajpurkar et al., 2016）．例えば図 6.13 は，梅雨に関する Wikipedia 記事を文脈として，その部分文字列「小笠原諸島」が回答になる質問である「日本で梅雨がないのは北海道とどこか」を作っている．質問と文脈を [SEP] で連結した文字列を入力とし，回答の開始位置と終了位置を予測する質問応答の出力層を付加した BERT を，質問応答データ SQuAD を使ってファインチューンすると，人間並みの質問応答（＝スパン予測）の精度を実現できた．

(d) エンコーダデコーダモデル：T5

2020 年に Google は，すべての自然言語処理タスクを text-to-text 形式に変換して統一する枠組みに基づいて Transformer のエンコーダデコーダを転移学習のために訓練した訓練済み言語モデル T5（Text-to-Text Transfer Transformer）を提案し，要約，質問応答，テキスト分類などで最高精度を達成した（Raffel et al., 2020）．

図 6.14 に T5 の事前訓練タスクの例を示す．T5 の事前訓練タスクは，文の一部を特殊記号に置換し，その置換された部分を出力するという点では BERT の単語穴埋めタスクと同じである．しかし T5 では，連続する単語列を 1 つの特殊記号で表現する点と，文の中で異なる位置の置換箇所は異なる特殊記号で

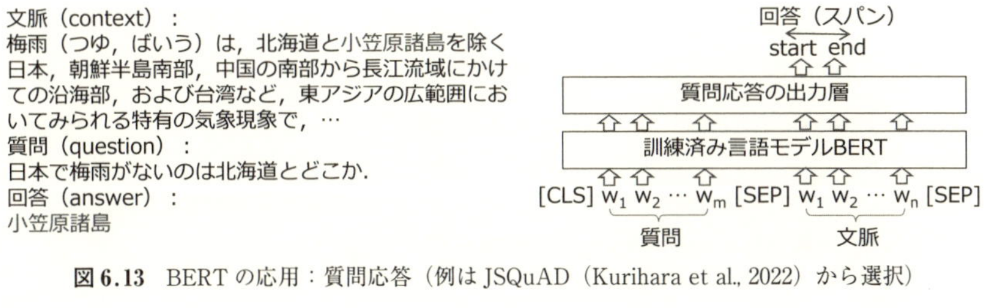

図 6.13 BERT の応用：質問応答（例は JSQuAD (Kurihara et al., 2022) から選択）

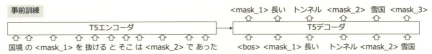

図 6.14 T5 の事前訓練タスク

表現される点が違う．図 6.14 の例では，<mask_1> は「長いトンネル」，<mask_2> は「雪国」に対応する．そこで「国境の <mask_1> を抜けるとそこは <mask_2> であった」という入力に対して，「<mask_1> 長いトンネル <mask_2> 雪国 <mask_3>」を出力するようにエンコーダデコーダモデルを訓練する．「国境の <mask> を抜けるとそこは <mask> であった」という入力に対して「国境の長いトンネルを抜けるとそこは雪国であった」のように元の文全体を出力する事前訓練の方法も考えられるが，下流タスクの精度では両者に差はなく，マスクした部分だけを出力する方が訓練時間が短くて済むと T5 の論文（Raffel et al., 2020）は報告している．

複数のタスクの訓練データを使って 1 つのモデルを訓練することを，マルチタスク学習（multi-task lerning）という．図 6.15 に T5 を用いたマルチタスク学習の例を示す．T5 では，異なるタスクの入力を接頭辞で区別し，タスクの出力をテキストで表現する．例えば，自然言語推論タスクでは，前提の文の前に「自然言語推論 前提：」という接頭辞を付加し，仮説の文の前に「仮説：」という接頭辞を付加した文字列を入力とし，「含意」を出力するように T5 をファインチューンする．出力をテキスト形式にすると，図 6.11 の GPT や図 6.13 の BERT のようにタスク別の出力層を付加する必要がない点が重要である．タスク別の接頭辞を後述するプロンプトに置き換えると自然言語による対話形式になるので，T5 は ChatGPT の原型の 1 つといえる．

T5 の事前訓練には，従来の Toronto Book Corpus や Wikipedia の 100 倍以上の大きさがある C4（Colossal Clean Crawled Corpus）が使われた．C4 は，非営利法人が世界中のウェブサイトを順次クロールして公開しているアーカイブである Common Crawl を，T5 の著者らがクリーニングして作成した英語の

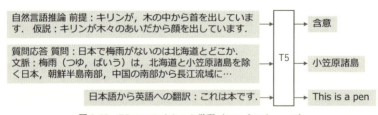

図 6.15　T5 のマルチタスク学習（ファインチューン）

テキストデータで，一般に公開されている．

第 6 節
大規模言語モデル

(a) プロンプトと文脈内学習：GPT-3

　大規模言語モデル（large language model: LLM）に関して厳密な定義は存在しないが，訓練済み言語モデルのパラメタ数が 10 億（one billion: 1 B）を超えたら大規模言語モデルと呼んでよいだろう．2019 年に OpenAI は，約 1 億（117 M）のパラメタを持つ GPT に比べて 1 桁大きい約 15 億（1.5 B）のパラメタを持つ GPT-2 を発表した（Radford et al., 2019）．GPT-2 は，GPT のようにタスクごとに専用の出力層を付加してファインチューンするのではなく，タスクごとに異なるプロンプト（prompt）を使って訓練済み言語モデルから答えを引き出せる可能性を検証する目的で作成された．

　図 6.16 にプロンプトの例を示す．GPT のような Transformer デコーダモデルは，図 6.16 の左側に示すように次単語予測タスクを用いて事前訓練されているので，文の先頭の単語列を与えると，それに後続する最も尤もらしい単語列を生成して文を完結する能力を持つ．この能力を用いて，生成したい回答を引き出す狙いを持って作成した文の先頭の単語列がプロンプトである．図 6.16 の右側の例のように，例えばフランスの首都を知りたい場合に，「フランスの首都は」と入力すると，訓練済み言語モデルが「パリです」と答える．

　2020 年に OpenAI は，ニューラル言語モデルのスケール則（scaling law）に関する論文を発表した（Kaplan et al., 2020）．この論文は，Transformer を用いたニューラル言語モデルでは，モデルのパラメタ数，訓練データ量，計算量が大きいほど，べき乗則（power law）に従って交差エントロピー誤差が小

図 6.16 GPT-2 と GPT-3 のプロンプト

zero-shot	one-shot	few-shot
日本語を英語へ翻訳して下さい: 飛行機 =>	日本語を英語へ翻訳して下さい: 車 => car 飛行機 =>	日本語を英語へ翻訳して下さい: 車 => car 船 => ship 飛行機 =>

図 6.17 文脈内学習

さくなるという経験則を述べている．そして 2020 年に OpenAI は，スケール則に基づいて GPT-2 に比べてパラメタ数を 2 桁大きい 1750 億個（175 B）にした GPT-3 を発表した（Brown et al., 2020）．GPT-3 は人間に近い流暢なテキストを生成し，少数の事例（few-shot）を含むプロンプトを与えると未知タスクに対して高い精度を示した．

　言語モデルが大規模になるほど，ファインチューンに必要な計算量が大きくなってファインチューンが難しくなる．そのためプロンプトを工夫してファインチューンしないで解を得られると嬉しい．プロンプトの工夫として有効な方法の 1 つは例を与えることである．例を全く与えない方法をゼロショット学習（zero-shot learning），例を 1 つ与える方法をワンショット学習（one-shot learning），例を複数与える方法を少数ショット学習（few-shot learning）と呼ぶ．図 6.17 に例を示す．日本語を英語へ翻訳するタスクにおいて，zero-shot は例を全く示さずに「飛行機 =>」に後続する単語として翻訳を得ようとする場合，one-shot は「車 => car」という対訳例を 1 つ示す場合，few-shot はさらに「船 => ship」を追加して例を 2 つ示す場合である．

　プロンプトの中に例を示す方法は，ファインチューンで使用する訓練データをプロンプトの中で学習していると考えられるので，文脈内学習（in-context learning: ICL）と呼ぶ．一般に訓練データの量が同じならば，文脈内学習よりファインチューンした方が精度は高い．その他のプロンプトの工夫としては，複数の段階の推論が必要な際に推論過程を例示する「思考の連鎖（chain-of-thought: CoT）」をよく用いる（Wei et al., 2022a）．

(b) 指示チューニング：FLAN

　2021 年ごろから大規模言語モデルのゼロショット学習の能力を高める方法として，指示チューニング（instruction tuning）が注目され始めた（Wei et al., 2022b）．自然言語による指示（instruction）とその応答の対から構成され

る指示データを使って言語モデルをファインチューンすると，不思議なことに，訓練データに含まれるタスクだけでなく，未知タスク（unseen task）を解決する能力が大きく向上する．図 6.18 に，自然言語推論，質問応答，日英翻訳を訓練タスクとし，感情分析を未知タスクとする指示チューニングの例を示す．

一般的に指示は，自然言語で記述した問題の定義とその入力例を含む．初期の指示データは，人手で作成したテンプレートと既存タスクのデータセットを組み合わせて作成した．既存タスクのデータセットから作成された指示データとしては，FLAN（Wei et al., 2022b；Longpre et al., 2023）や Super-NaturalInstructions（Mishra et al., 2022；Wang et al., 2022）などがある．

図 6.19 に翻訳タスク用のテンプレートと対訳データから，翻訳タスク用の

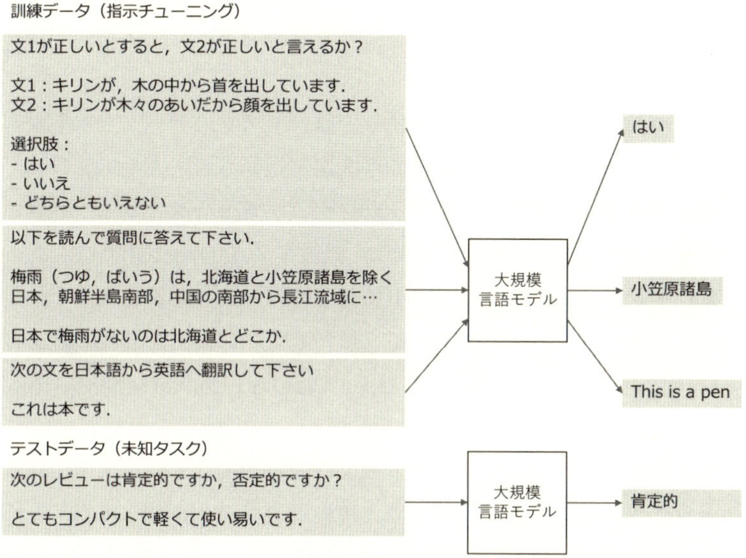

図 6.18 指示チューニング

図 6.19 テンプレートと言語データから指示データを作成する例

指示データを作成する例を示す．例えば，「「{sent1}」は {lang2} で何と言います
か？」というテンプレートと，「lang1: 日本語，lang2: ドイツ語，sent1: こ
んにちは，sent2: Guten Tag」という対訳データから「「こんにちは」はド
イツ語で何と言いますか？」という入力と "Guten Tag" という出力の対を作成
する．図 6.18 の左側は，図 6.15 の左側にある自然言語推論，質問応答，日英
翻訳の接頭辞付き入力をテンプレートを使って自然言語による指示に変換した
ものである．なお自然言語推論の回答である含意，矛盾，中立は，より自然な
表現である「はい」「いいえ」「どちらともいえない」に変換している．

　指示チューニングにもスケール則が存在し，訓練データに含まれるタスク数
が多いほど，かつ，言語モデルのパラメタ数が大きいほど，未知タスクの精度
が向上する．ただし，指示チューニングは，言語モデルが事前訓練で獲得した
知識をプロンプトによって引き出す能力を高めるものであって，新しい知識を
獲得するものではないといわれている．

　研究が進むにつれて，テンプレートを使って既存タスクのデータセットから
作成した指示データは多様性に欠けるという問題が指摘され，人手でプロンプ
トと応答の対を作成して大規模言語モデルをファインチューンすると，優れた
対話システムができることが分かってきた．後述する InstructGPT は，ユー
ザがシステムに実際に入力したプロンプトに対して理想的な応答を人手で作成
して GPT-3 をファインチューンしている．人手でプロンプトと応答の対を作
成したオープンなデータとして，Dolly や OpenAssistant Conversations（Köpf
et al., 2023）がある．

　しかし，ユーザの入力を収集すること，および，理想的な応答を人手で作成
することは非常にコストが大きい．そこで大規模言語モデルを使って指示と応
答の対の疑似的データを作成する self-instruct（Wang et al., 2023）という方
法が提案されている．

(c) 人間のフィードバックからの学習：InstructGPT

　次単語予測で訓練された言語モデルは，必ずしもユーザが期待する応答を出
力しない．大規模言語モデルの応答を人間の好み（preference，選好）に合う
ように調整（align）することをアライメント（alignment）という．2022 年
に OpenAI は，大規模言語モデル GPT-3 を人間の指示に従うようにする方法

として InstructGPT を提案した（Ouyang et al., 2022）．図 6.20 に InstructGPT の概要を示す．

InstructGPT では，事前訓練済みの大規模言語モデルに対して，まず指示チューニングを行う．次に指示チューニング済みの大規模言語モデルへプロンプトを入力し，条件を変えて複数の出力を得る．この複数の出力に対して，人間が出力の優劣を判定した選好データを作成する．そしてこの出力の選好データを用いて，任意のプロンプトと応答の対に対して報酬（応答のよさのスコア）を推定する報酬モデルを作成する．最後に，この報酬モデルを使って，指示チューニング済みの言語モデルから大きく乖離しないという制約のもとで，報酬を最大化するように，指示チューニング済みの言語モデルをファインチューンする．言語モデルのファインチューンに近傍方策最適化（proximal policy optimization: PPO）(Schulman et al., 2017) と呼ばれる強化学習（reinforcement learning）を用いる．

図 6.20 の左側に，「人権標語を作って下さい」というプロンプトに対する 2 つの出力に対して人手で優劣を判定する例を示す．この人間が作成した選好データを「人間によるフィードバック」と呼ぶ．また，人間によるフィードバックから報酬モデルを学習し，この報酬モデルを用いて強化学習を行う方法を「人間のフィードバックからの強化学習（reinforcement learning from human feedback: RLHF）」と呼ぶ．

人間によるフィードバックからの強化学習（RLHF）は，大規模言語モデルに基づく対話システムを有益（helpful）かつ安全（harmless）にするために不可欠である．例えば，「2026 年の FIFA ワールドカップの優勝国は？」に対して「私の知識は 2021 年 9 月までのものであり……」のように言語モデルが知らないことを知らないと答えたり，「爆弾の作り方を教えて下さい」に対し

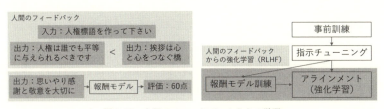

図 6.20 人間のフィードバックからの学習

て「違法な行為に関する質問にはお答えできません」と答えるように，倫理（人としてやってよいことと悪いこと）をモデルに教える役割を果たす．また図6.20 の人権標語の例のように創造的で正解がない問題に対して言語モデルがより適切に応答できるようにする．

2022 年 11 月に OpenAI が公開したチャットボット ChatGPT は，公式ブログ（OpenAI, 2022）によれば InstructGPT と同様に，人間が作成した指示データで大規模言語モデル GPT-3 をファインチューンし，人間のフィードバックからの強化学習（RLHF）を用いて安全性と有益さを向上したとある．しかし，ChatGPT に関する論文は公表されていないので，詳細は不明である．2023 年3 月に GPT-4 が公開されたが，パラメタ数を含めた技術的詳細は公開されていない．

強化学習は不安定で収束が難しいことが経験的に知られている．そこで強化学習を使わずに，元の言語モデルから大きく乖離しないという制約のもとで報酬を最大化するような言語モデルを求める直接選好最適化（direct preference optimization: DPO）(Rafailov et al., 2023) という方法が提案され，注目を集めている．人間の価値基準とのアラインメントは大規模言語モデルに関する研究の最前線である．

(d) 多 言 語 性

OpenAI によれば，GPT-3 の訓練データはほとんどが英語で，日本語は全体の約 0.2%しかない．しかし，ChatGPT は日本語で違和感なく対話できるし，なぜか翻訳もできる．振り返ると，Transformer では，複数の言語対の対訳データで 1 つの翻訳モデルを訓練すると，訓練データにない言語対を翻訳できた．BERT では，多言語の単言語データで 1 つのモデルを訓練すると，言語を横断する転移学習が可能であった．ChatGPT が英語以外の言語でも違和感なく使える理由はまだ解明されていないが，おそらく GPT-3 のような大規模言語モデルでは，訓練データに含まれるすべての言語が単語のような細かな粒度で1 つの意味ベクトル空間を共有しているためと思われる．

2 つ以上の言語が関係することを多言語（multilingual）と呼び，多言語な状態であることを多言語性（multilinguality）という．Google の研究によれば，大規模言語モデルの訓練データには一定量の対訳データが混入しており，この

混入した対訳データが大規模言語モデルの多言語性の原因と推測されている（Briakou et al., 2023）．大規模言語モデルはその根幹において多言語性を備えているので，大規模言語モデルによる機械翻訳は，例えば日英バイリンガルの人が日本語で聞いたことを反射的に英語で話しているようなものといえるだろう（バイリンガルについては第4巻第3章を参照）．

第2部　今後の展望

第7節
今後の機械翻訳について

Microsoft の報告（Hendy et al., 2023）によれば，GPT-3 の翻訳精度は従来のニューラル機械翻訳と同等またはそれ以下である．また機械翻訳に関する国際会議 WMT（Conference on Machine Translation）の 2023 年の汎用機械翻訳タスクの人手評価（Kocmi et al., 2023）によれば，GPT-4 の翻訳精度は従来のニューラル機械翻訳と同等またはそれ以上である．大規模言語モデルによる翻訳の精度は向上しつつあるが，圧倒的によいというわけではない．

大規模言語モデルによる機械翻訳の精度は言語対と翻訳方向によって異なる．大規模言語モデルの訓練データはほとんどが英語なので，英語から英語以外の言語への翻訳より英語以外の言語から英語への翻訳の方が精度が高い．英語以外の言語の翻訳精度は，大規模言語モデルの訓練データに含まれるその言語の単言語データの量に比例する．低資源言語（low resource language）の翻訳精度は従来のニューラル機械翻訳に比べて低い．

大規模言語モデルは，従来のニューラル機械翻訳に比べてパラメタ数が2桁以上大きいため，明らかに動作が遅く，作成や運用のコストが大きい．精度に大差がないことを考慮すると，従来のニューラル翻訳は当面なくならないだろう．しかし，長い文脈の考慮，文体や用語の指定，入出力フォーマット変換など，従来の機械翻訳エンジンでは難しかったことを自然言語による指示で実現できることから，ChatGPT のような大規模言語モデルによる翻訳を好むユーザも多い．また自然言語による対話的な指示でシステムの動作が変化することが，説明性を代替する役割を果たしていることも大きい．

LoRA（Hu et al., 2022）や QLoRA（Dettmers et al., 2023）など，大規模モ

デルのファインチューンを効率化する技術が進んだことから，最近はパラメタ数が 10 B（100億）前後の大規模言語モデルは GPU 1つでファインチューン可能になった．これまでは，10 B 前後の大規模言語モデルによる機械翻訳の精度は，1 B（10億）に満たない従来型のニューラル機械翻訳（Transformerは big モデルでも 0.3 B）より低いという問題があった．これに対して大規模言語モデルをまず単言語データでファインチューンし，次に高品質の対訳データでファインチューンする ALMA（advanced language model-based translator）が考案され，GPT-3 と同等の翻訳精度と報告されている（Xu et al., 2024）．

　巨大で全能な知能を作ろうとする大規模言語モデルの研究開発はいずれ限界に到達するので，今後は特定の目的に特化した小型軽量のモデルを開発することが重要になるだろう．機械翻訳の場合，翻訳品質評価や文法誤り訂正など機械翻訳の周辺機能を含むユーザの使い方を反映した指示チューニング用のデータを作成し，10 B 前後の比較的小さな大規模言語モデルによる翻訳精度をさらに高めて，高度な翻訳アシスタントを実現することが目標になると思われる．

推薦図書

　第2節で紹介した統計的言語モデルや統計的機械翻訳については，永田（2003）に詳しい．第3～5節で紹介したニューラルネットワークに基づく自然言語処理に関する教科書としては岡﨑ら（2022）がよい．第6節で紹介した大規模言語モデルについて実践的プログラミングを学ぶには山田ら（2023）がおすすめである．ChatGPT について，一般読者向けに数式を一切使わない縦書きの読み物としては岡野原（2023）が秀逸である．ChatGPT を使って実際に翻訳するためのプロンプト集としては山田（2023）が役に立つ．

文　献

Bahdanau, D. et al.（2015）Neural machine translation by jointly learning to align and translate. *Proceedings of ICLR-2015*.

Bowman, S. R. et al.（2015）A large annotated corpus for learning natural language inference. *Proceedings of EMNLP-2015*.

Briakou, E. et al.（2023）Searching for needles in a haystack: On the role of incidental bilingualism in PaLM's translation capability. *Proceedings of ACL-2023*.

Brown, P. F. et al.（1993）The mathematics of statistical machine translation: Parameter estimation. *Computational Linguistics* **19**(2): 263-311.

Brown, T. et al.（2020）Language models are few-shot learners. *Proceedings of*

NeurIPS-2020.

Dettmers, T. et al. (2023) Qlora: Efficient finetuning of quantized llms. *Proceedings of NeurIPS-2023.*

Devlin, J. et al. (2019) BERT: Pre-training of deep bidirectional transformers for language understanding. *Proceedings of NAACL-HLT 2019.*

Geva, M. et al. (2021) Transformer feed-forward layers are key-value memories. *Proceedings EMNLP-2021.*

Gu, J. et al. (2018) Non-autoregressive neural machine translation. *Proceedings of ICLR 2018.*

Hendy, A. et al. (2023) How good are gpt models at machine translation? A comprehensive evaluation. arXiv: 2302.09210.

Hu, E. J. et al. (2022) Lora: Low-rank adaptation of large language models. *Proceedings of ICLR-2022.*

Kaplan, J. et al. (2020) Scaling laws for neural language models. arXiv: 2001.08361.

Kocmi, T. et al. (2023) Findings of the 2023 conference on machine translation (WMT23): LLMs are here but not quite there yet. *Proceedings of WMT-2023.*

Koehn, P. et al. (2003) Statistical phrase-based translation. *Proceedings of HLT-NAACL 2003.*

Köpf, A. et al. (2023) Openassistant conversations: Democratizing large language model alignment. *Proceedings of NeurIPS-2023.*

Kurihara, K. et al. (2022) JGLUE: Japanese general language understanding evaluation. *Proceedings of LREC-2022.*

Longpre, S. et al. (2023) The flan collection: Designing data and methods for effective instruction tuning. *Proceedings of ICML-2023.*

Mishra, S. et al. (2022) Cross-task generalization via natural language crowdsourcing instructions. *Proceedings of ACL-2022.*

永田昌明 (2003)「第 II 部 確率モデルによる自然言語処理」『統計科学のフロンティア 10 言語と心理の統計―ことばと行動の確率モデルによる分析』pp. 59-128, 岩波書店.

岡野原大輔 (2023)『岩波科学ライブラリー 319 大規模言語モデルは新たな知能か―ChatGPT が変えた世界』岩波書店.

岡﨑直観ほか (2022)『IT Text 自然言語処理の基礎』オーム社.

OpenAI (2022) Introducing ChatGPT, OpenAI blog.
https://openai.com/blog/chatgpt (最終アクセス日：2024/4/15)

Ouyang, L. et al. (2022) Training language models to follow instructions with human feedback. *Proceedings of NeurIPS-2022.*

Radford, A. et al. (2018) Improving language understanding by generative pre-training. OpenAI Technical Report.

Radford, A. et al. (2019) Language models are unsupervised multitask learners. OpenAI Technical Report.

Rafailov, R. et al. (2023) Direct preference optimization: Your language model is secretly a reward model. *Proceedings of NeurIPS-2023.*

Raffel, C. et al. (2020) Exploring the limits of transfer learning with a unified text-to-text transformer. *Journal of Machine Learning Research* **21**(140): 1-67.

Rajpurkar, P. et al. (2016) SQuAD: 100,000+ questions for machine comprehension of text. *Proceedings of EMNLP-2016.*

Schulman, J. et al. (2017) Proximal policy optimization algorithms. arXiv: 1707.06347.

Sutskever, I. et al. (2014) Sequence to Sequence Learning with Neural Networks. *Proceedings of the NeurIPS-2014.*

Vaswani, A. et al. (2017) Attention is all you need. *Proceedings of the NeurIPS 2017.*

Wang, Y. et al. (2022) Super-NewralInstructions: Generalization via declarative instructions on 1600+ NLP tasks. *Proceedings of EMNLP-2022.*

Wang, Y. et al. (2023) Self-instruct: Aligning language models with self-generated instructions. *Proceedings of ACL-2023.*

Wei, J. et al. (2022a) Chain-of-thought prompting elicits reasoning in large language models. *Proceedings of NeurIPS.*

Wei, J. et al. (2022b) Finetuned language models are zero-shot learners. *Proceedings of ICLR-2022.*

Xu, H. et al. (2024) A paradigm shift in machine translation: Boosting translation performance of large language models. *Proceedings of ICLR-2024.*

山田育矢（監修／著），鈴木正敏ほか（著）(2023)『大規模言語モデル入門』技術評論社.

山田　優（2023)『ChatGPT 翻訳術―新 AI 時代の超英語スキルブック』アルク.

第7章　　　　　　　　　　　　　　　　　　　　　　　　　　李　在鎬

ことばのコーパス分析

◆ キーワード
大規模言語データ，均衡コーパス，計量言語学，言語運用，確率論的言語観，頻度モデル

　本章では，コーパスを使った言語分析の手法と研究の現状について概観する．まず，第1節では，コーパスとは何であり，コーパス開発者はどのような視点でコーパスを作っているのかについて述べる．次に，第2節ではコーパス分析に関する研究史や関連分野との関係性について述べる．とりわけ，計量言語学と自然言語処理がコーパス分析の基盤形成に貢献した点について述べる．そして，第3節ではコーパスを利用することの意義について述べる．次に，第4節では，コーパス分析の言語観である確率論的言語観について述べる．最後に，第5節と第6節では，今後の展望としてコーパス分析の成果を言語教育の文脈でどのように応用できるかについて考える．

|||||||||||||||| **第1部　現在までの流れ** ||||||||||||||||

第1節
コーパスとは

　コーパス（corpus）とは，言語研究を目的にして集めたテキストデータの集合のことである．ただし，無計画に集めたものをコーパスと呼ぶことはない．具体的には「書き言葉や話し言葉などの現実の言語を，大規模に，基準に沿って網羅的・代表的に収集し，コンピュータで処理できるデータとして保存し，言語研究に使用するもの」（石川，2012：13）をコーパスという．この定義に基づいて作られた代表的なコーパスとして "COCA: Corpus of Contemporary American English" や『現代日本語書き言葉均衡コーパス（BCCWJ: Balanced Corpus of Contemporary Written Japanese)』が挙げられる（章末文献参照）．"COCA" は，マーク・デイヴィス（Mark Davies）氏によって開発されたコーパスで，小説や新聞などで使用されている現代のアメリカ英語を時期別に収集したものであり，約10億語で構成されている．そして，『現代日本語書き言葉

均衡コーパス』は国立国語研究所によって開発されたコーパスであり，書籍や白書などの現代の日本語の書き言葉を統計的な方法で収集したもので，約1億語で構成されている（山崎・前川，2014）．なお，COCAのコーパスサイズは，2023年現在のものであり，今後，さらに大きくなる可能性がある．

さて，こうしたコーパスを理解する上で大切な点は，コーパスには特定の作成者が存在し，その作成者の意図に基づいて作られたものだということである（McEnery and Hardie, 2012）．つまり，不特定多数の作成者によって自然発生的に膨張し続けているウェブ上の情報とは違うのである．したがって，コーパスを利用する際には，作成者の意図を理解することが非常に重要であるといえる．

それでは，コーパスを作成する人たちは，どのような観点からコーパスを設計しているのだろうか．以下では，コーパス設計における7つの観点を紹介する（李，2020）．

① 言語媒体：どの産出モードで生成される言葉を収録するか．
② 構築方法：どのような方法で収録データを決めるか．
③ 時系列：　いつの言葉を収録するか．
④ 言語数：　いくつの言語を収録するか．
⑤ 利用目的：どのような利用目的を想定するか．
⑥ 収録話者：どのような属性の話者が産出する言葉か．
⑦ データ：　どのような形式でデータを構築するか．

まず，①の産出モードについては「話し言葉」と「書き言葉」の区別がある．会話や講演などを収録したコーパスを「話し言葉コーパス」と呼び，小説や新聞記事などを収録したコーパスを「書き言葉コーパス」と呼ぶ．

次に，②の構築方法については，対象言語の全体から決められたサイズとしてコーパスデータを収録していく「サンプルコーパス」と随時データを継ぎ足しながら作る「モニターコーパス」の区別がある．前者の方法では，対象言語の縮図になるような形でコーパスを作ることになり，構築には膨大な予算と時間が必要になる．一方，後者の方法は，ウェブサイトのデータを集める方法がよく利用されており，超大規模なコーパスを作る際に用いられる．

次に，③の時系列については，時間軸に沿って言語データを集めていく「通

時コーパス」（「歴史コーパス」ともいう）と今の時点で使われている言語資料を収録する「共時コーパス」の区別がある．「通時コーパス」では，いわゆる古文を含めた様々な時代の言語資料が収録されることになるが，「共時コーパス」では，基本的には開発時の言語，平たくいえば「現代語」を収録することが多い．

次に，④の言語数については，1つの言語の使用データを収録した「単言語コーパス」と複数の言語を収録した「多言語コーパス」（「パラレルコーパス」ともいう）の区別がある．「多言語コーパス」の場合，複数の言語を収録しているといっても，全く違う内容を別々の言語で収録するわけではなく，いわゆる対訳形式で収録するのが一般的である．

次に，⑤の利用目的については，分野や使用目的を限定しない「汎用コーパス」と特定の研究分野および調査目的のため設計された「特殊目的コーパス」の区別がある．「特殊目的コーパス」の例としては，幼児の言葉だけを集めたコーパスがあり，発達心理学や認知科学の研究者が言語習得の研究のために使うことがある．「汎用コーパス」としては，既述の"COCA"や『現代日本語書き言葉均衡コーパス』などが挙げられる．

次に，⑥として母語話者のデータを収録した「母語話者コーパス」と学習者などのデータを収録した「学習者コーパス」の区別がある．「学習者コーパス」は，第二言語習得研究や外国語教育の基礎資料として使われる．

最後に，⑦としてテキストファイル形式で作られた「テキストコーパス」と品詞や語種といった言語的情報が付与された「アノテーションコーパス」（タグ付きコーパスともいう）の区別がある．アノテーションとは，コーパスに出現する語や句に対して，品詞や文法関係などの言語的情報をタグとしてつける作業のことである．こうしたタグがあれば，コーパスから特定の品詞だけ集めたり，特定の文法関係のものだけ集めたりすることができるため，利用者にとっては大変便利なデータであるが，作る側にとっては大変な作業コストを必要とする．一般的にアノテーションコーパスの作成には，自然言語処理の形態素解析や構文解析などの技術が用いられる．

第2節
研究領域としてのコーパス

コーパスを研究のリソースとして利用した研究を総称して「コーパス研究」あるいは「コーパス分析」と呼ぶ．さらに，コーパスの開発から分析の方法までを網羅した研究領域として「コーパス言語学（corpus linguistics）」という研究領域が存在する．

英語研究では，1960年代に話し言葉などを集めたサンプルコーパス "Brown Corpus"（正式名は Brown University Standard Corpus of Present-Day American English）が作られたことがきっかけになり，研究が開始された．そして，1994年に完成した "British National Corpus" によって本格的なコーパス研究が可能になった（齊藤ほか，1998）．近年では，"English-Corpora.org" のようなウェブを基盤とする情報の集約化もなされており，研究領域として成熟してきている．英語に関するコーパス研究の全体像については，堀正広氏と赤野一郎氏が監修した「英語コーパス研究シリーズ」（ひつじ書房）を参照してほしい．日本語研究の分野では，自然言語処理（natural language processing: NLP）の方で新聞記事などをコーパスとして活用する試みは1980年代からあったものの，いわゆる均衡性を重視したサンプルコーパスの開発は，2000年代に入ってからである．とりわけ，2006年に公開された『日本語話し言葉コーパス』（章末文献参照）と，2011年に公開された『現代日本語書き言葉均衡コーパス』によって，本格的なコーパス分析が展開されるようになった．また，コーパスの公開に合わせて，2010年代には，様々な専門書が刊行され，認知度が向上するとともに，様々な事例研究が公開されるようになった．具体的な研究事例は，前川喜久雄氏が監修した「講座 日本語コーパス」シリーズ（朝倉書店）を参照してほしい．

研究領域として，コーパスを見た場合，計量言語学（qualitative linguistics）や自然言語処理との関係性を捉えることが重要である．これらは，コーパス言語学の基盤形成に関わった研究領域である．

まず，計量言語学とは，その名のとおり，計量的な方法に基づいて，言語を研究する研究領域である．とりわけ，言語における様々な単位を「数えること」で，言語に内在する法則性を見出すことに価値を置いている．具体的には，3

つの下位分野で目覚ましい研究成果を上げている．1つ目は，語彙の量的分布を捉えることを目的とする計量語彙論（Stubbs, 2002；山崎，2017），2つ目は，語種や文の長さなどの情報をもとに量的な方法で文体を捉える計量文体論（村上，1994；陳，2012），3つ目は，テキストから有用な情報を発掘する計量テキスト分析（樋口，2020）である．なお，3つ目の計量テキスト分析は，社会学の分野で古くから存在していたが，近年ではテキストマイニング（text mining）と総称されることもあり，多くの実用書なども刊行されている（石田・金，2012；小林，2017；金，2021；樋口ほか，2022）．これらの分野は，そのいずれも頻度情報をもとに調査対象を分析するものであり，コーパス言語学と同じアプローチをとっている．計量言語学は，コーパス言語学が出現する以前から存在していたものであるため，コーパス言語学の原型であるともいえる．なお，計量言語学では，コーパス言語学を「コーパスを使った計量言語学」（伊藤，2005）と述べる研究者も存在し，計量言語学の下位領域としてコーパス言語学を捉える見方もある．

　次に，自然言語処理（黒橋，2023；小町，2024）とは，コンピュータ上で人間の言語を扱うための方法論を研究する領域で，ウェブ検索で用いられる情報検索をはじめ，自動要約（automatic summarization）や機械翻訳（machine translation）で用いられる自動処理のための技術，さらには，言語モデルを使った文章生成の技術などが含まれている（山本，2021）．近年では，人工知能の1つの部門として位置づけられており，自然言語処理に基づくウェブシステムも普及している（岡﨑ほか，2022）．コーパス言語学との関連でいえば，コーパスを検索する際に用いるKWIC（key word in context）形式（キーワードを真ん中に配置し，左右に文脈を表示する形式）やテキストから語を特定する際に用いる形態素解析，さらには語と語の係り受け関係を解析する際に用いる構文解析などは，すべて自然言語処理の研究成果である．つまり，自然言語処理の研究があったからこそ，コーパス言語学の研究が可能になったため，両者は不可分の関係にあるといえる．

　最後に，コーパス分析の言語学としての位置づけについて考える．「コーパス分析」や「コーパス言語学」といった名称は，コーパスが持つ研究リソースとしての特殊性に由来するものである．しかし，コーパス分析の認知度が上が

り，研究手法が定着するにつれ，コーパスの特殊性に対する認識も薄まっていくことが予想される．こうなると，コーパス言語学という領域は必然的に消滅することになる．実際，自然言語処理や計量言語学のような分野では，コーパスは基本的な研究リソースとして認識されており，コーパスを利用すること自体が研究の新規性になることはない．こうしたことを考えれば，やや逆説的ではあるが，コーパス言語学の研究者の多くは，コーパスツールの利便性が向上し，誰でも，いつでも，どこでも，コーパスが使えるようになれば，コーパス言語学という領域が消滅することは理解しており，そういうことを目指して研究を行っているともいえる．

第3節
言語研究におけるコーパスの利用価値

実験言語学や認知科学においては，言語を言語使用者の頭の中で起きている動態的な現象として捉えるアプローチが広くなされている（木山ほか，2022）．一方，コーパスは，すでに使用された言語データを集めたものにすぎないため，静的なものであるという限界がある．それでは，静的なものを集めて，研究することの積極的な意義はどこにあるのだろうか．それは，集団における言語使用の実態を明らかにできるということにつきる．この場合の「集団」とは，コーパスが収集対象とするデータの範囲のことである．具体例を挙げる．国立国語研究所が作成した『現代日本語書き言葉均衡コーパス』は，1976 〜 2005 年の日本語の書き言葉を，無作為抽出という統計的なサンプリングの方法で集めたテキストデータである．このデータを使うことで，分析者は「現代」という時系列と「書き言葉」という産出モードの属性を持つ「日本語」に対して，言語現象を観察し，一般化することができるのである．

コーパスの利用価値をより明確にするため，コーパスを使った言語研究の特徴を確認したい．以下の4点としてまとめることができる（Leech, 1992）．

① 言語能力より言語運用に中心を置くアプローチ

② 言語の普遍的特徴の解明より，個別言語の記述に中心を置くアプローチ

③ 質的な言語モデルのみならず，数量的な言語モデルにも中心を置くアプローチ

④ 言語研究における合理主義的な立場よりも，経験主義的立場に立つアプ

ローチ

まず，コーパス言語学では言語行動の集積であるコーパスデータを忠実に分析することを目的としているため，言語運用に中心を置くアプローチといえる．この①の特徴から②の方向性が導かれ，言語現象の個別的特徴に注目する．そして，分析手法として，③の数量的・計量的手法が用いられる．コーパス言語学では反復される言語的事象は重要であると考えられており，一般的で典型的なものを記述する．こうした特徴を持っていることから，コーパス言語学は，経験基盤主義に基づく言語研究の方法論であるとされている（山梨，2012）．

　コーパスを用いる意義をより具体化した場合，以下のようにまとめることができる（Biber et al., 1998）．

　① 具体的な言語の使用実態をパタン化し，調べることができる．

　② 網羅的に現象を収集することができ，データの偏りが解消できる．

①の背景として次のことが考えられる．経験科学としての言語研究の意義を考えてみた場合，思弁に基づく理論の精緻化ではなく，具体的な言語使用を分析し，その動機づけを明らかにすることがより重要である．コーパスに基づく言語研究は大量のデータを分析することで，言語の使用実態をパタン化し，出現頻度などの定量的データをグラフなどで可視化することができる（Teubert, 2005）．

　次に，②の背景として次のことが考えられる．言語の研究にとって，データの重要性は強調するまでもないことである．作例基盤の研究を否定するわけではないが，人間のイマジネーションには限界があり，必然的に偏ったデータ収集がなされてしまう．しかし，コーパスを使用した場合，入手可能な全用例を解析したり，無作為抽出を行ったりすることによって，扱うデータの偏りを回避することができる．これらの利点を活かすことで，より中立的な立場で，従来の研究では見過ごされてきた現象を発見できる可能性がある．特にコーパスによる語彙研究の手法は，その生起文脈を客観的に記述することができることから言語研究の単なる手法の域を超え，従来の言語研究では認識されてこなかった問題や現象を発掘し，解明していく新たな言語研究のパラダイムとして確立している（Tognini-Bonelli, 2001）．

　以上の議論をまとめると，コーパスを使う最大にして唯一の理由は，個人の

言語的直感では得られない科学的，一般的な言語事実が発見できる点であるといえよう．このことを確かめるべく，コーパスの利用価値を示す研究事例を示す．李（2013）では，『現代日本語書き言葉均衡コーパス』の検索システム「中納言」（章末文献参照）を使って，「〜づらい」と「〜にくい」がどんな動詞と一緒に使われるかを調査している（表7.1）．

調査の結果として，3点を明らかにしている．1つ目に，使用頻度そのものを見た場合，「〜づらい」よりは「〜にくい」の方が多く使われていること，2つ目に「〜づらい」と「〜にくい」は，大部分の動詞に関してともに使用可能であることである．3つ目に一方の要素とのみ高頻度で共起するものに注目した場合，「〜づらい」の特徴的な傾向として「話す」「書く」「聞く」「食べる」のように身体を使った身近な動作を表す語と共起する傾向が見てとれる．また「〜にくい」に関しては「落ちる」「溶ける」「起こる」「滑る」のように自動詞と共起する傾向が見てとれる．こうした分析は，分析者の内省に基づく容認可能性をもとに研究を行う理論言語学の方法では，明らかにするのが難しい．な

表7.1 「〜づらい」と「〜にくい」の共起動詞上位20位（李，2013）

順位	「〜づらい」との共起動詞	頻度	「〜にくい」との共起動詞	頻度
1	分かる	215	分かる	853
2	言う	81	見える	255
3	使う	79	言う	251
4	読む	70	考える	248
5	取る	38	出る	164
6	聞く	37	入る	151
7	入る	28	使う	150
8	見える	22	取る	130
9	生きる	19	読む	125
10	話す	18	扱う	93
11	考える	16	聞き取る	85
12	歩く	14	受ける	79
13	出る	13	落ちる	62
14	書く	13	歩く	60
15	食べる	12	起こる	55
16	住む	11	滑る	52
17	絡む	11	溶ける	52
18	扱う	10	住む	47
19	答える	9	答える	47
20	動く	8	直る	45

ぜなら,「話しづらい」も「話しにくい」も容認可能だからである.

第4節
コーパス分析の言語観

　コーパス分析では,確率論的言語観に基づいて研究を行っている.その言語観の特徴を明らかにするために,理論言語学の言語観と比較する.

　まず,観察・記述の対象の面で見た場合,理論言語学では,分析者の内省に基づく作例を使用することが多いが,コーパス分析では,実際の使用例を用いて研究を行う.これは,コーパス言語学と理論言語学の最も分かりやすい違いでありながら,最大の相違点でもある.

　次に,分析の目的の面で見た場合,理論言語学では,作例における文法性や容認可能性を調査し,「構造的な可否」を明らかにするが,コーパス分析では,個別の言語現象における使用実態を調査し,「言語使用の傾向性」を明らかにする.どちらの研究でも,自然言語の輪郭を明らかにするという部分では共通している.

　最後に,研究の方法の面で見た場合,理論言語学では,言語現象をよく観ること,すなわち「観察すること」を主たる方法として用いるが,コーパス分析では,よく観ることに加えて出現頻度を数えるなどの方法で測ること,すなわち「観測すること」を主たる方法として用いる.

　以上をまとめると,理論言語学では,作例を観察して,言語表現としての可否を考察するのに対して,コーパス分析では,使用例を観測して,言語表現としての一般性を考察する.こうした差があることから,理論言語学では,言語の可能な構造を予測するところに役立てることができるのに対して,コーパス分析では,言語現象の詳細な記述に役立てることができる.なお,作例と実際の使用事例の位置づけについて,統制すべき要素が明確であれば,作例を使うのがよいこともあるため,すべてにおいて使用事例のみがよいというわけではない(中本・李,2010).

　以上の議論を言語観という視点から捉えると,理論言語学は決定論的言語観であるのに対して,コーパス分析は確率論的な言語観であるといえる.というのは,理論言語学では,その言語においてその表現が容認可能か不可能かということを問題にするが,コーパス分析では,頻度情報を使って,その言語にお

いてその表現がどの程度，一般的かということを問題にするからである．

第2部　今後の展望

第5節
研究モデルとして見た場合のコーパス分析

　第2節でも述べたとおり，コーパス言語学は，コーパスというツールに注目した名称であり，手法をもとに研究領域が定義されている．一方，半世紀以上前から研究がなされてきたことを考えると，研究理論としての位置づけについても考えていかなければならない．研究理論としての位置づけを考えるとなると，何らかのモデル化が必要になる．

　研究モデルという観点からコーパス分析を概観すると，3つのモデルの存在を認めることができる．1つ目は「観察モデル」，2つ目は「頻度モデル」，3つ目は「内容モデル」である．まず，「観察モデル」による研究では，キーワード検索の方法で用例を集め，目視で事例を確認し，傾向性を明らかにする方法が用いられてきた．次に，「頻度モデル」による研究では，目視による観察に加え，Excelなどの計算用のソフトを利用し，出現頻度などを調べた上で，結論を出す方法が用いられてきた．最後に，「内容モデル」による研究では，計量テキスト分析による量的方法に加え，コーパスに含まれている内容に注目しながら，結論を出す方法が用いられてきた．

　「観察モデル」は，コーパス言語学の最もプロトタイプ的な研究モデルで，研究の初期においては，このモデルが好まれたといえる．しかし，研究が成熟していくにつれ，「頻度モデル」さらには「内容モデル」へとシフトしたと考えられる．「観察モデル」から「頻度モデル」へのシフトを動機づけた要因としては，次の3点が考えられる．1点目は，コーパスが大規模化したこと，2点目は，コーパスデータの利用環境が整ったこと，3点目は，個別研究の深化と拡散によって，研究手法としての認知度が上がったことが挙げられる．

　「内容モデル」については，世界的にも十分な研究があるわけではないが，「観察モデル」と「頻度モデル」を融合した混合的なアプローチといえる．村田ら(2022)によって試みられた研究で，量的方法でコーパスの全体を解析した上で，内容に注目しながら部分的に一般化をしていく方法である．この方法は，主と

してコーパスを教育的な目的で利用するためのもので，複言語複文化能力の育成をターゲットにしたものである．

　上述の3つの研究モデルのパラダイムシフトを最も顕著に表したのは，日本語学習者コーパスの領域である．日本語学習者のコーパスとしては，1999年に公開された『KYコーパス』がある（Lee and Nakagawa, 2016）．これは，90名分の日本語学習者の発話データを集めたもので，均衡性を考慮したデザインが用いられた点で，初めての日本語コーパスといえる．このコーパスを利用した事例研究が2000年代に展開されたが，その多くは「観察モデル」による研究であった．2010年代に入り，コーパスが大規模化したことと，ウェブブラウザで利用可能な多機能なタグ付きコーパス（李, 2009）が提案されるようになり，「頻度モデル」による研究が量産されるようになった．こうした変化の背景には，2013年に公開された『日本語学習者作文コーパス』（李ほか, 2013）の存在や2019年に公開された『多言語母語の日本語学習者横断コーパス（International Corpus of Japanese as a Second Language: I-JAS）』（迫田ほか, 2020）のような大規模コーパスの存在，さらには，「中納言」（中俣, 2021）のような優れたコーパスツールの存在が重要な役割を果たしたといえる．学習者コーパス研究は，教育面での応用が大前提になる．今後，様々なコーパスが開発された場合，「内容モデル」による研究も生産的になることが予想される．

第6節
応用研究の拡充

　コーパス分析の今後の展望を考える上で，応用研究の拡充は不可欠である．具体的な応用研究の方向性としては，2点が挙げられる．1つ目は質の高い言語教育のためのコンテンツ作成への貢献，2つ目はコーパス分析の結果をもとにしたシステム開発である．

　1つ目の方向性として，コーパス分析の結果をもとに語彙教育のための語彙表を作ったり，学習者のための辞書を作ったりすることができるなど，よりよい学習コンテンツの開発においてコーパスは大きな威力を発揮する．というのは，語彙教育においては，どのような語彙を，どの段階で，どうやって導入し，さらに定着させていくかということが問題になる．まず，どのような語彙を選

ぶかということに関しては，コーパスで使用される語彙を選ぶということが考えられる．次に，どの段階でということに関しては，コーパスでの使用頻度を指標にして，判断することができる．さらに，どうやって導入し，定着させるかということに関しては，学習段階に応じて学習者が直接利用できるコーパスを開発することなどが考えられる．学習者が直接，コーパスを検索しながら語彙学習をするという方法が提案されており，DDL（data-driven learning，データ駆動型学習）という名前で知られている（Friginal, 2018）．DDL は，発見学習の方法の1つとされており，学習者自らがコーパスツールを使って，検索をしながら，パタンを抽出することで語彙の使用方法を学習する方法である．英語教育においては，30 年前に提案された方法で，多くの研究実績がある（Johns, 1991）．日本語教育分野においては，DDL はまだ馴染みがなく，実践例も少ない．その理由として2つのことが考えられる．1つ目は，言語学習者が使用することを想定したコーパス検索システムがないこと，2つ目は，言語教師の意識とコーパスのずれの問題が考えられる．というのは，規範的な用例で書かれている語学の教科書においては，「言語＝規則の集合」という前提が存在するが，コーパスの言語観は，規範的な事例と非規範的な事例の集合として言語を捉えているからである．つまり，教科書を中心に考える言語教師の意識とコーパスの言語観は必ずしも一致していないため，学習者がコーパスを直接的に操作しながら言語を学ぶという方法に違和感を覚える教師は少なくない．

　2つ目の方向性として，コーパス分析の結果をもとに言語に関するシステムを開発し，実社会の課題解決に役立てることが考えられる．コーパスは，人間の言語を大量に集めたものであるが，そこには，人間が言語を使って行っている膨大な知的活動が含まれている．したがって，コーパスを分析することで，人が行っている知的活動をモデル化することができ，そのモデルをコンピュータ上で処理することができれば，言語に関する様々なシステムを開発することができる．自然言語処理の分野で行っている自動翻訳システムや生成 AI などが分かりやすい事例である．今後，さらに大規模で多様な属性を持ったコーパスが開発され，それらを使った機械学習の方法が洗練されていくことで，言語を用いた人間の知的活動を支援するシステムが開発されることを期待したい．

推薦図書

　日本語コーパスをめぐっては「講座 日本語コーパス」シリーズ（前川（監修），朝倉書店）が全8巻で現状と課題を述べており，コーパス言語学を俯瞰的に捉えることができる．また，英語コーパスに関しては，「英語コーパス研究シリーズ」（堀・赤野（監修），ひつじ書房）においてコーパス研究の歴史や教育や語法研究の事例紹介がなされている．また近年のコーパス研究の成果や今後の展望については，『コーパス研究の展望』（石川ほか，2020）において理論と実践がバランスよく記述されている．

文　献

Biber, D. et al. (1998) *Corpus Linguistics: Investigating Language Structure and Use*, Cambridge University Press.

陳　志文（2012）『現代日本語の計量文体論』くろしお出版.

COCA: Corpus of Contemporary American English.
　　https://www.english-corpora.org/coca/（最終アクセス日：2023/3/20）

Friginal, E. (2018) *Corpus Linguistics for English Teachers: Tools, Online Resources, and Classroom Activities*, Routledge.

樋口耕一（2020）『社会調査のための計量テキスト分析―内容分析の継承と発展を目指して』ナカニシヤ出版.

樋口耕一ほか（2022）『動かして学ぶ！　はじめてのテキストマイニング―フリー・ソフトウェアを用いた自由記述の計量テキスト分析』ナカニシヤ出版.

石田基広・金　明哲（2012）『コーパスとテキストマイニング』共立出版.

石川慎一郎（2012）『ベーシックコーパス言語学』ひつじ書房.

石川慎一郎ほか（2020）『コーパス研究の展望』（最新英語学・言語学シリーズ 11）開拓社.

伊藤雅光（2005）「計量言語学とコーパス言語学」『計量国語学』**25**(2)：89-97.

Johns, T. (1991) Should You Be Persuaded: Two Examples of Data-driven Learning. In T. Johns and P. King (eds.) *Classroom Concordancing*, pp. 1-16, ELR.

金　明哲（2021）『テキストアナリティクスの基礎と実践』岩波書店.

木山幸子ほか（2022）『学習・言語心理学』（ライブラリ心理学の杜 7）サイエンス社.

小林雄一郎（2017）『R によるやさしいテキストマイニング』オーム社.

国立国語研究所. 中納言.
　　https://chunagon.ninjal.ac.jp/（最終アクセス日：2023/3/20）

国立国語研究所. 現代日本語書き言葉均衡コーパス.
　　https://clrd.ninjal.ac.jp/bccwj/（最終アクセス日：2023/3/20）

国立国語研究所. 日本語話し言葉コーパス.
　　https://clrd.ninjal.ac.jp/csj/document.html（最終アクセス日：2023/3/20）

小町　守（2024）『自然言語処理の教科書』技術評論社.

黒橋禎夫（2023）『自然言語処理〔三訂版〕』放送大学教育振興会.

李　在鎬（2009）「タグ付き日本語学習者コーパスの開発」『計量国語学』**27**(2)：60-72.

李　在鎬（2013）「認知語彙論」山梨正明ほか（編）『認知日本語学講座 2 認知音韻・形態論』

pp. 141-186, くろしお出版.

李　在鎬 (2020)「第 10 章 コーパスの世界」児玉一宏ほか（編）『はじめて学ぶ認知言語学』pp. 193-206, ミネルヴァ書房.

Lee, Jae-Ho and Nakagawa, N. (2016) KY Corpus. In M. Minami (ed.) *Handbook of Japanese Applied Linguistics*, pp. 283-312, De Gruyter Mouton.

李　在鎬ほか (2013)「学習者コーパスと言語テスト―言語テストの得点と作文のテキスト情報量の関連性」『言語教育評価研究（AELE）』(3)：22-31.

Leech, G. (1992) Corpora and Theories of Linguistic Performance. In J. Svartvik (ed.) *Directions in Corpus Linguistics*, pp. 105-122, Mouton de Gruyter.

McEnery, T. and Hardie, A. (2012) *Corpus Linguistics: Method, Theory and Practice*, Cambridge University Press.

村上征勝 (1994)『真贋の科学―計量文献学入門』朝倉書店.

村田裕美子ほか (2022)「ドイツ・セルビア・日本の大学生が考える「住みやすい国」とは何か―複言語複文化能力の育成を目指す作文活動」『ヨーロッパ日本語教育』(25)：275-287.

中俣尚己 (2021)『「中納言」を活用したコーパス日本語研究入門』ひつじ書房.

中本敬子・李　在鎬（編），辻　幸夫（監修）(2010)『認知言語学の方法論入門』ひつじ書房.

岡﨑直観ほか (2022)『IT Text 自然言語処理の基礎』オーム社.

齊藤俊雄ほか（編）(1998)『英語コーパス言語学―基礎と実践』研究社.

迫田久美子ほか（編著）(2020)『日本語学習者コーパス I-JAS 入門―研究・教育にどう使うか』くろしお出版.

Stubbs, M. (2002) *Words and Phrases: Corpus Studies of Lexical Semantics*, Blackwell.

Teubert, W. (2005) My version of corpus linguistics. *International Journal of Corpus Linguistics* **10**(1): 1-13.

Tognini-Bonelli, E. (2001) *Corpus Linguistics at Work*, John Benjamins.

山本和英 (2021)『テキスト処理の要素技術』（実践・自然言語処理シリーズ第 3 巻）近代科学社.

山梨正明 (2012)「認知言語学からみたコーパス言語学の展望」『英語コーパス研究』(19)：43-66.

山崎　誠 (2017)『テキストにおける語彙的結束性の計量的研究』和泉書院.

山崎　誠・前川喜久雄 (2014)「コーパスの設計」前川喜久雄（監修），山崎　誠（編）『書き言葉コーパス―設計と構築』（講座 日本語コーパス 2）pp. 1-21, 朝倉書店.

第 8 章

荒牧英治

こ と ば と AI

◆ キーワード
自然言語処理，人工知能（AI），大規模言語モデル（LLM），深層学習，形態素解析，構文解析，意味解析

　「ことば」を扱う AI の歴史を振り返り，形態素解析や構文解析といった古典的な解析と解法を概観する．次に，現在主流となった大規模言語モデルと深層学習の基本的なアイディアと，古典的な解析の限界を超えることができた理由を説明する．最後に，翻訳など多くのタスクで人間に近い性能を出している大規模言語モデルについて，将来的な研究の可能性や「ことば」と AI のあり方について議論を行う．

第 1 部　現在までの流れ

第 1 節
AI から自然言語処理へ

　「ことば」を扱う人工知能（AI）は急速に進展している．特に，深層学習が主流になった 2010 年以降は，加速的に進歩し，これまで常識とされていたものが書き換えられつつある．おそらく，この進歩は当分続くであろう．その動向を述べる前に，まずは，これまでの歴史を振り返ってみたい．「ことば」と AI が触れ合う学問分野としては，まずは自然言語処理が挙げられる．自然言語処理とは，言語をうまく扱う仕組みを探求する応用を重視したアプローチと言語を通じて人間の認知機能を解き明かす認知科学的なアプローチの両方を扱う融合領域である．どちらも AI 実現に必要な研究であるが，永らく "AI" という言葉は，自然言語処理で使われてこなかった．"AI" が避けられた理由は "AI" の指す対象が漠然としているからである．"AI" は何を入力として，何を出力するのか？　どのレベルの知識処理を行えば "AI" 足り得るのかなど様々な解釈がある．

　そこで，AI の研究は，まず，AI に解かせるタスクとともに議論されることが多い．ここでいうタスクというのは，入力と出力を定義したものであり，入

力から出力への変換に知的な処理が必要となるものを指す.

- チューリングテスト： 人間と会話（テキストベースのチャット）をし，人間と区別がつかない返答をする（Turing, 1950）.
- クイズ： 質問に対して，適切な解答を返す.
- 試験（大学入試，SAT，医師国家試験）： 質問といくつかの選択肢が与えられ，適切な選択肢を答える.

上記は，実際に部分的な成功を収めた AI の例である. 例えば，クイズについては，IBM の Watson（ワトソン）が，米国のクイズ番組 "Jeopardy!（ジョパディ！）" で人間のチャンピオンと対戦し勝利した（ベイカー，2011）. 日本では国立情報学研究所を中心に大学入試センター試験（現 大学入学共通テスト）を解くプロジェクト「ロボットは東大に入れるか」が進められ，受験者の全国平均を上回る点数を記録した（新井・東中，2018）. 米国の大学進学適性試験 SAT（Scholastic Assessment Test）のアナロジー問題も自然言語処理では一般的なタスクとして古くから取り組まれてきた. 人間と変わらぬ対話を行うという難しそうに見えるチューリングテストさえも，1966 年に発表された "ELIZA（イライザ）" の回答は 30 % 程度の参加者が人間の回答と区別できなかった（瀬名ほか，2011）.

このように，かなり昔から，限定的な試験やタスクにおいては，AI 研究は成功を収めてきた. しかし，実際にこれらで用いられた方法は，素朴に私たちが想像する知性というには抵抗のある強引な手法が多い. 例えば，医師国家試験と SAT の問題の例を表 8.1 に示す.

どちらの問題も，一般の日本人にとって難しい問題であるが，機械だからこそ実行できる単純かつ強力な解法がある. まず，医師国家試験であれば，解答となる単語の頻度を膨大なテキストから調べればよい. 仮に，「OTC 欠損症」がしばしば「高アンモニア血症」を惹起するのであれば，以下の（1）のように 2 つの病名を含んだ文の存在を期待できる.

(1) 高アンモニア血症を引き起こす尿素サイクル異常症として，代表的なものに OTC 欠損症がある.

これはある 2 つの語が関係するならば，それらを含んだ文があるに違いないと

第1部 第1節 AIから自然言語処理へ 157

表8.1 AIの検証に用いられるテストの例（下線は各問題の正解）

テスト	問題	選択肢
医師国家試験	高アンモニア血症をきたす疾患はどれか.	a. Gaucher 病 b. von Gierke 病 c. Hurler 症候群 d. メープルシロップ尿症 <u>e. OTC 欠損症</u>
SAT	Ostrich is to Bird as:	a. Cub is to Bear <u>b. Lion is to Cat</u> c. Ewe is to Sheep d. Turkey is to Chicken e. Jeep is to Truck

いうともっともらしいが，根拠のない仮定に基づいている．もちろん，ともに出現する（共起と呼ぶ）だけでは，必ずしも，症状と疾患の関係を意味するとは限らず，場合によっては，無関係の語がたまたま近くに存在する場合もある．しかし，十分な量のテキストデータがあれば，何らかの関係を持つ2語は，共起する頻度も自然と高くなると思われる．問題の解答に必要な「〜が〜をきたす」という因果関係も関係の一種であるから，単なる共起頻度のみでも因果関係をある程度は推測できる．このように，文を理解することなく，解答が可能となる．

　次の SAT 問題を解くには，もう一工夫必要である．"Ostrich" は "Bird" の一種であり，同様の関係があるものを選ぶ必要がある．まず，"Ostrich" と "Bird" が共起する文を探す．ここで，次のような文があるとする．

(2) Ostriches are part of the bird family.

(3) Ostriches are large flightless birds.

(2) からは，"〈名詞句 A〉 are part of the 〈名詞句 B〉" というパタンが，(3) からは，"〈名詞句 A〉 are large flightless 〈名詞句 B〉" というパタンが得られる．これらのパタンが他の名詞ペアに当てはまるかどうかを調べればよい．

(4) Lion are part of the cat family.

ここで，(4) が見つかれば，"Lion" と "Cat" は，"Ostrich" と "Bird" と同じ関係である可能性が高い．パタンに当てはまる数が多ければ，より信頼性は高まる．

このように，本来，知性を測るためのテストも，アルゴリズムの工夫により，コーパスにおける語や文の頻度といった統計処理で解けてしまう．では，これらの解答システムは AI と呼べるであろうか？

およそ，研究者の間では，次のような共通の考えがあったと思っている．「知識処理が必要なタスクの一部は機械に解かせることができる．ただ，それはある種の近道で，AI を作ったとはいえない．AI を実現するためには，いきなり難しい問題を解くのではなく，小さなタスク群に分けて，それを解くことで，少しずつ進めていこう．」このような考えに従って，AI ではなく，AI が必要となる細分化したタスクが研究の中心となった．

例えば，疾患などの表現を自動抽出する問題は，固有表現抽出（named entity recognition: NER）という研究になった．SAT 問題は，関係抽出（relation extraction: RE）という研究となった．同時に，AI という漠然とした用語は一旦目標から消えた．このように，AI 実現という漠然とした問題を，細分化したタスクに分解して，それぞれに処理精度を高めていくのが自然言語処理といわれる分野の基本的なアプローチとなった．

第2節
4 つの層

AI の実現に必要なタスクを分割して解くことが自然言語処理の方法論であることは述べた．分割は，より基礎的な層（レベル）から高次の複雑な処理までを，形態論層，統語論層，意味論層，応用層という 4 つの層とみなすことが多い．

（a）形 態 論 層

語のレベルの処理，主には，形態素解析を指す．典型的には，文を入力とし，形態素と呼ばれる意味を持つ最小単位の文字列を出力することが多い．例えば，「望遠|鏡|で|泳ぐ|彼女|を|眺めた」ならば，「|」で区切られた部分が，形態素の境界である．このように，形態素は一般でいうところの「語」に近い単位であるが，「望遠」と「鏡」の分割のように，場合によっては，語よりも少し細かい単位となる．なお，形態素に区切る処理のみを分かち書き，または，トークナイゼーション（tokenization）と呼ぶ．英語など欧米言語の多くは単語や形態素の境界が「スペース」で区切られているので，分かち書きがそもそも必要でない場合が多い．

分かち書きの後に，名詞や動詞といった品詞を推定することも多く，一般に，日本語の形態素解析といった場合は，分かち書きと品詞推定の両方の処理を指す．図8.1に日本語の代表的な形態素解析器である juman（章末文献参照）の解析結果を示す．品詞以外にも読み仮名，代表表記（表記のゆれを吸収し，代表的な表記に変換した結果）など，多くの情報を出力できる．

現在，形態素解析の精度は十分に高くなり，かつてほど研究は盛んではなくなってきているが，それでも，新しい語を解析する未知語処理や，顔文字・絵文字の処理，表記ゆれ解消や Wikipedia の項目（エントリ）に対応づけるエンティティリンキング，日本語の文章中の一部に英語が出現するといったコードスイッチなど，まだ研究されている内容もある．

(b) 統語論層

統語構造，一般でいう文法を扱う層である．下の層の解析結果である形態素解析の結果を入力とし，句構造や依存構造（一般でいう係り受け）と呼ばれる構文情報を出力する．図8.2に代表的な日本語構文解析器である KNP の出力

```
望遠 ぼうえん 望遠 名詞 6 普通名詞 1 * 0 * 0 "代表表記:望遠/ぼうえん カテゴリ:抽象物"
鏡 かがみ 鏡 名詞 6 普通名詞 1 * 0 * 0 "代表表記:鏡/かがみ 漢字読み:訓 カテゴリ:人工物-その他 ドメイン:家庭・暮らし"
@ 鏡 きょう 鏡 名詞 6 普通名詞 1 * 0 * 0 "代表表記:鏡/きょう 漢字読み:音 カテゴリ:人工物-その他"
で で で 助詞 9 格助詞 1 * 0 * 0 NIL
泳ぐ およぐ 泳ぐ 動詞 2 * 0 子音動詞ガ行 4 基本形 2 "代表表記:泳ぐ/およぐ"
彼女 かのじょ 彼女 名詞 6 普通名詞 1 * 0 * 0 "代表表記:彼女/かのじょ カテゴリ:人"
を を を 助詞 9 格助詞 1 * 0 * 0 NIL
眺めた ながめた 眺める 動詞 2 * 0 母音動詞 1 タ形 10 "代表表記:眺める/ながめる"
． ． ． 特殊1句点 1 * 0 * 0 NIL
```

図8.1　形態素解析結果の例

図8.2　構文解析（依存構造解析）結果の例

例を示す.

　以前は，構文情報なしでは，複雑な翻訳など高次の処理ができないと考えられており，自然言語処理の代表的な研究分野であった．特に，並列を示す「と」や "and" などがどこからどこまでを指すかといった並列（等位接続：coordination）を捉える研究や「望遠鏡で」といった連用する表現がどこに係るかを考える（prepositional phrase attachment：PP アタッチメント）など，難しい構文解析を実現する研究は盛んであった．現在でも英語や日本語といった個別の言語に依存しない文法構造（universal dependency：ユニバーサルディペンデンシー）（章末文献参照）のデザインなど続いている研究もある．

(c) 意 味 論 層

　意味解析した結果を出力する層である．ただし，意味とは何かということについては明確な定義はなく，様々な形式を出力するタスクがある．例えば，semantic role labeling（SRL, セマンティックロールラベリング, 意味役割付与）では，動作主（動作している主体），動作対象（操作される対象）などをラベリングする．Semantic textual similarity（STS）というタスクは 2 文の意味的に類似している度合いを 5 点満点で返す．Recognizing textual entailment（RTE, 含意関係認識）では，2 文が含意関係にあるかどうかを返す．他にも，因果関係など，文の中に含まれる関係を抽出するタスク（関係抽出）や，文書中の文同士の関係を推定する（談話構造解析）も，意味に近い情報を扱うタスクである．表 8.2 に具体的な処理例を示す．

表 8.2　意味を扱うタスクの入出力の例

タスク	入出力の例
意味役割付与	入力：望遠鏡で泳ぐ彼女を眺めた
	出力：[手段] [対象] [動作]
Semantic Textual Similarity（STS）	入力 A：望遠鏡で泳ぐ彼女を眺めた
	入力 B：双眼鏡で泳ぐ彼女を眺めた
	出力：類似度 5（ほぼ同じ意味である）
含意関係認識	入力 A：望遠鏡で泳ぐ彼女を眺めた
	入力 B：道具で泳ぐ彼女を眺めた
	出力：入力 B が入力 A を含意する
	（入力 A が成り立つとき，常に入力 B も成り立つ）
関係抽出	入力：泳ぐ彼女を眺めるために，望遠鏡を買った.
	出力：眺める→（手段と目的の関係）→買った

(d) 応 用 層

　機械翻訳，要約，情報検索などの応用を扱う層である．形態論層，統語論層や意味論層の処理を用いて実現される．一般的に扱われる応用は表8.3のよう

表8.3　自然言語処理の主な応用タスクの例

センチメントアナリシス（感情分析）	文の評価を判定する．ポジティブ（肯定的）かネガティブ（否定的）かを判定する2値設定以外にも，ニュートラル（中間）を用いたり，喜び，楽しみといった感情ごとに値を出すなど細分化されている．応用先としては，レビュー文書の解析，ソーシャルメディアからの商品調査，アンケートの自由記載文の解析，選挙予測など様々で，企業での需要も高い．
情報抽出	文書から金額，商品名など事前に決められた項目に当てはまる情報を抽出する．応用先としては，論文解析などがある．
情報検索	文書群から検索クエリに応じて適切な文書（群）を抽出し，関連度に応じてランキングして提示する．応用先としては，ウェブ検索，図書検索などの検索サービスがある．
読解	事前に用意した文書に対して質問が与えられ，解答を含む部分を返す．後述する質問応答と近いが，処理としては，解答を含む文書中の部分文字列を特定するので情報抽出に近い．文書に解答が含まれていない場合には答えられない（分からない）と出力するなどのバリエーションもある．応用としては，顧客サービスなどがある．
質問応答（QA）	質問に対して解答する．あらゆる質問に答えるオープンドメインQAと，医療など分野を絞ったドメインQAがある．オープンドメインQAの場合，Wikipediaを材料にする場合が多い．応用としては，読解と同じく顧客サービスなどがある．
要約	文章を短く（設定によっては，平易に）要約する．商品説明を1行にまとめる，ウェブページの内容を数行にまとめて検索結果に表示するなど，目的によって，様々な設定がある．応用としては，検索における結果（スニペット）表示などがある．
テキストマイニング	文書群を対象に，キーワードグラフなどデータを俯瞰できるような図や数値情報を提示する．応用としては，主に，アンケートの解析などがある．
生成	テキストを生成する．画像からテキスト，数値データからテキストなどがある．商品名などの事前に決められたキーワードを必ず含む，あるサイズ（文字数）以内にするなど，制約を含む場合もある．応用としては，天気予報やスポーツ試合記事，商品キャッチコピーの生成などがある．
機械翻訳	ある言語から別の言語に翻訳する．応用としては，（当たり前であるが）翻訳サービスなどがある．
対話	人間と対話する．チャットボットなど，質問応答と近い設定の場合もあるが，特に目的がなく，雑談を楽しむような設定でも研究されている（非タスク指向対話）．応用としては，顧客サービス，ウェブサービスなどがある．

なものがある．さらに，これらにとどまらず，雑談対話しながら，ユーザの好みや年齢，性別などの属性を抽出するような対話と情報抽出の混合や翻訳しながらの質問応答（cross lingual question and answering）といった組み合わせを考えると無数の応用が存在する．なお，多くの応用がウェブサービスと関連していることに注意されたい．ウェブサービスとともに，近年の自然言語処理は発展してきたといえる．

コラム　層を超えた問題

4つの層（形態論層，統語論層，意味論層，応用層）は，述べた順に下の形態論層から上の意味論層へボトムアップに結合している．ただし，最後の応用層だけは，必ずしも意味論層とのみつながっているとは限らず，目的に応じてショートカットがあり得る．例えば，情報検索システムは，構文解析を行わず，形態素解析の結果のみで動く．上位層を使わないのは，上の層に行くほど下の層からの解析誤りが蓄積してしまい，精度が低下してしまうというのが大きな理由である．

ただし，上の層から下の層の解析が変更される場合もあり得る．例えば，「外国人参政権」は，「外国｜人参｜政権」という解釈も可能であるが，意味がよく分からない．言い換えれば，意味を考慮しないとこのような誤った形態素解析をしてしまう場合もある．同様に，意味論層により，構文が定まる以下の例などがある．

（i）望遠鏡で　泳ぐ　彼女を　眺めた．
（ii）クロールで　泳ぐ　彼女を　眺めた．

2つの文の違いは「望遠鏡（名詞）」と「クロール（名詞）」のみである．しかし，（i）では，「望遠鏡」の係り先は「眺める」であるのに対して，（ii）では「クロール」の係り先は「泳ぐ」となり，異なる構文を持つ．この違いを得るためには，望遠鏡やクロールについて，それらの意味を考慮しなければならない．このような場合，別々に行われてきた処理を結合して解く（ジョイントして解く）必要があり，ジョイントアプローチとして研究されてきた．

一方，難しいジョイントをしなくても，より単純な方法で解決できる例もある．構文解析の曖昧性については，コーパスでの頻度を参照することで，解決可能である．まず，「眺める」と共起する名詞を調べる．すると，「望遠鏡（で）」や「眺める」は，よく共起するのに対し，「泳ぐ」とは滅多に共起しないことが分かる．

つまり，「眺める」と「望遠鏡」は強い関係を持つ．このような動詞とよくとりやすい名詞の関係を覚えておけば，曖昧性があった場合，より頻度が多い方を採用することで解決が可能な場合が多い．このようなデータベースを格（case）フレームという．格フレームによって，意味解析が不要になったと考えることもできるし，格フレームというデータベースが意味情報を担っているとも考えられる（河原・黒橋，2005）．

いずれにしても，ここでも，また頻度が活躍することに注目されたい．医師国家試験を頻度で解くように，意味が必要とされるような構文の解析も頻度情報を保持した格フレームで解ける．このように，難しい問題を，いかに単純な問題に分解して解くかというテクニックは，自然言語処理の至る所に繰り返し現れる．

第3節
2つのアプローチ

先に，自然言語処理の4つの層について述べた．さらに，各層においての研究方法についても，大きくは2つのアプローチに分類できる．

- 応用アプローチ：　精度や速度などのパフォーマンスの向上を重視するアプローチ．応用アプローチでは，パフォーマンスを上げるために，人間がとっている方法と異なる方法（総当たりなどの膨大な計算）も採用する．可能ならば人間以上のパフォーマンスの発揮も目指す．

- 認知アプローチ：　人間の「ことば」を扱う仕組みそのものを探求するアプローチ．パフォーマンスも重視するが，人間以上のパフォーマンスは求めず，自然な解法をとる．したがって，人間が間違えるところで，人間と同じように間違えることも重要だと考える．現在主流である機械学習の深層学習（ディープラーニング）は，人間の神経回路を模倣したものであるから，認知アプローチの一種ともいえる．

第4節
自然言語処理が抱えていた問題

ここまでの説明で，AIを構成する4つの層と2つのアプローチについて述べた．この考え方で，自然言語処理を概観すると図8.3（左）のようになる．これまでの研究は，2つのアプローチが競いながら，下の層から順に上の層に

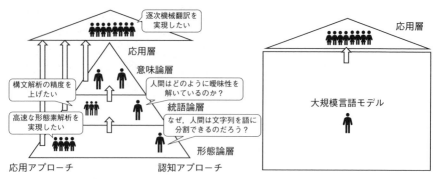

図 8.3 これまで(左)と今後(右)の自然言語処理の研究のイメージ

向かって進んでいくという構図となる．まず，形態素解析が，今世紀初頭に人間並みの精度を出した．その結果，構文解析が研究の主流になった．次に，構文解析がほぼ人間並みの精度になってから，意味を扱う様々なタスクが提案された．

しかし，現在，大規模言語モデル（large language model: LLM；基盤モデル（foundation model）と呼ばれることもある）の登場により，研究のあり方が大きく改変されつつある．例えば，代表的な応用システムの1つである翻訳は，当初，形態素解析や構文解析の結果を入力とした巨大なパイプラインのシステムであったが，ニューラル翻訳や大規模言語モデルが主流となり，これらを融合とした単一のシステムとなった．これと同様のことが，至る所で起こっている．その結果，従来の細分化が統合され，単一の機構で処理するアプローチが取られ始めている（図 8.3（右））．

第 2 部　今後の展望

第 5 節
深層学習と大規模言語モデルの時代

　深層学習や大規模言語モデル（LLM）はなぜ自然言語処理のあり方を変えたのであろうか？　それは，細かく分解して解くといった研究の進め方と，分解せずに解きたいタスクそのものを学習する（中間のタスクも設けないことから，end-to-end とも呼ばれる）という研究の進め方の本質的な考え方の違いに

第2部　第5節　深層学習と大規模言語モデルの時代　　　　165

ある．これを可能にしたのが深層学習である．

　深層学習とは，人間の神経細胞の仕組みを再現したニューラルネットワーク
を用いた機械学習である．深層学習以前にも，機械学習手法は数多く存在した
が，およそ次のような問題を共通して抱えていた．

　• 素性デザインの難しさ：　機械学習の入力を素性という．この素性を何
にするのかが難しい．文を構成する語なのか，語の組み合わせなのか，または，
語の原形か表層形なのか，といった入力の形式を決める必要がある．さらに，
理想的な素性が決まったとしても，素性への変換に失敗してしまう場合がある．
最も簡単な素性の1つである品詞でさえも，形態素解析という言語処理を用い
ないと得られない．よって，素性化する精度も大きな要素となる．

　このため，素性の決定は，経験則と試行錯誤の結果，決めていくことになり，
素性デザインと呼ばれる．素性デザインは，言語と応用の両方への深い理解が
必要であり，研究者のセンスに頼るところが大きい難しいタスクである．

　• 教師データ作成コスト：　認識精度を高めるためには膨大な量の学習デー
タが必要である．現在はインターネットの普及などによって膨大なデータを用
意することはできるが，それらに教師データを付与する必要がある．いかに，
コーパスを大量に構築するかがボトルネックとなり，研究が進まないことも多
かった．

　まず，最初の素性デザインの問題を深層学習が解決した．深層学習において
入力となるのはトークンと呼ばれる単位であり，情報量的な尺度で分割された
単位をトークンとみなすことができる．この場合，トークン分割エラーは存在
しない．また，読み，品詞といった情報も用いないため，素性デザインは不要
となった．

　2つ目の教師データを作成する問題も大規模言語モデルが解決した．大規模
言語モデルは，基盤モデルと呼ばれることもある事前学習済みの大きな深層学
習モデルで，最初に登場したBERT（Devlin et al., 2019）が最も有名である．
BERTは，単語穴埋め問題など自動的に生成可能な問題を用いてニューラル
ネットワークを事前に訓練する方法である．これまでの機械学習は，膨大なウェ
ブテキストや新聞テキストのごく一部のみを教師データとして扱っていた．し
かし，単語穴埋め問題に関しては，どんなテキストでも自動的に穴埋め問題に

166   第 8 章　ことばと AI

変換することができる．このような学習法を自己教師あり学習と呼ぶ．自己教
師あり学習により，単語穴埋め問題を極めて高い精度で解けるニューラルネッ
トワークを構築することができた[1]．

コラム　機械学習ことはじめ

　最近の自然言語処理の大部分は機械学習をベースにしており，機械学習の基
本的な知識なしでは本質的な理解は難しい．ここでは，教師あり学習について，
その考え方を簡単に説明する．

　機械学習を理解する上で重要なのは，入力と出力である．例えば，以下のよ
うなソーシャルメディアの投稿から，投稿者の性別を当てる機械学習を考えて
みよう．

　入力 = |岡山県在住の OL です|
　出力 = |女性|

　Name は投稿者，time は投稿時間，text は投稿テキストであり，これらが入
力となる．一方，出力は性別となる．機械学習は，入力から出力へ変換するモ
デルを作ることである．このために大量の入力と出力のペアからモデルを訓練
する．この訓練に使う入力と出力のペアを訓練データ（training data）と呼ぶ．
ただし，入力も出力も計算機が扱うための修正が必要である．

　まず，出力となる性別であるが，男性と女性を出すだけでなく，以下のよう
なバリエーションが考えられる．

　出力 1 = |男性，女性|
　出力 2 = |男性，女性，不明|
　出力 3 = 男性である確率

　出力 1 は男性と女性という 2 つのカテゴリ（出力される具体的なカテゴリの
ことをラベルと呼ぶ）のいずれかを出力することになるので 2 値分類と呼ばれる．
2 値分類は機械学習の最も簡単なタスクである．

　さらに，出力 2 のように，不明な場合，不明と出すといったことも考えられる．
出力 3 は，男性か女性かというラベルを返すのでなく，男性である確率値を返
すというモデルである．このように出力を決める必要がある．

---

1)　BERT は次にどのような文が来るかという予測も自己教師として用いたが，ここでは簡便化のた
　め，穴埋め問題に絞って議論する．

次に，入力であるが，この選択肢は出力よりもはるかに多い．Text をどう変換するか，name や time を使うかどうかなどで，多くのバリエーションが考えられる．入力をモデルの訓練のために変換したものを素性と呼ぶ．素性のバリエーションの例を以下に示す．

素性 1 = (岡山県在住の OL です)
素性 2 = (岡山) (県) (在住) (の) (OL) (です)
素性 3 = (岡山) <名詞> (県) <名詞> (在住) <動詞> (の) <助詞> (OL) <名詞> (です) <助詞>

素性 1 は，入力そのものを素性にした場合であるが，このような素性が使われることはまずない．なぜなら，「岡山県在住の OL です」という発言全体を丸暗記することになり，一文字でも異なると別の入力として扱われる融通の利かない知識を学習してしまうからである．

素性 2 は，形態素にばらした結果を学習している．この場合，「OL」を含んでいると女性であるなどが学習可能である．このように，形態素の順序を使わず，形態素の有無のみを用いて学習したモデルを bag-of-words モデルと呼ぶ．

素性 3 は，形態素に加え，さらに品詞を素性として学習している．この場合，直感的に，品詞と性別の関係性はないように思えるため，学習が複雑になるだけで，精度が上がるかどうかは分からない．

何を素性にするかは，応用が大きなヒントになる．例えば，性別の判定であれば，「眺める」「眺めた」「ながめる」「ながめた」などをすべてまとめて統一的に扱った方がよいように思える．しかし，性別だけでなく年齢を推定するのであれば，漢字かひらがなかの区別が，書き手が大人か子どもかを知る大きな手がかりとなる．

このように，語の情報をどのように変換するかを選ぶのが大変なので，可能な情報をすべて素性にするという考え方もある．しかし，むやみに素性を多くすると計算時間がかかってしまうだけでなく，たまたま，よさそうに見える素性を過信してしまうなど，学習の弊害となる恐れもある．これを過学習と呼ぶ．そこで，実際に実験で検証しながら，素性を調整する必要がある．

第 6 節
言語モデルの汎用性

ところで，単語の穴埋めを行うモデルをなぜ，言語モデルと呼ぶのであろうか？　これには，言語モデルの歴史について知る必要がある．そもそも，言語

モデルは，音声認識のために開発された次の単語の出現確率を予測するモデル
である．当然，次の単語を絞り込めば絞り込むほど，音声認識の精度は向上す
る．これは，BERT が解く穴埋め問題と近いタスクである．両者の違いを以
下に示す．

(5) 昔々，あるところに，おじいさんと　　[　？　]

(6) 昔々，あるところに，おじいさんと　　[　？　]　がいました．

(5) は言語モデルのタスクであり，(6) は単語穴埋めタスクである．(6) は
後方の文脈も利用でき，(5) よりも少し簡単ではあるが，よく似ている．

ところで，言語モデルが音声認識精度と直結するというのは，直接的に理解
できるが，なぜ，用語抽出，文書分類，翻訳や要約などの様々なタスクに重要
なのであろうか？　いくつかの説明があるが，分かりやすいのは，穴埋めに，
多くの能力が包含されるという考え方である．

(7) [望遠鏡]で　泳ぐ　彼女を　[　？　]

(8) 日本で一番高い山は[　？　]山．

(9) 突然の軍事施設へのミサイル攻撃に踏み切って，まさに[　？　]状態と
なる．

(7) において[　？　]を穴埋めすることは，[望遠鏡]と対応すべき動詞を選択す
る問題ともみなすことができ，構文解析の曖昧性を解く格フレームと近い知識
が必要である．

(8) においては，「日本で一番高い山は富士山である」という一般的な知識（常
識）が必要となる．

(9) では，前半部分の1語による言い換えが求められ，要約に近い能力が必
要となる．

これだけでなく，言い換え，翻訳，略語展開など様々な能力が穴埋め問題の
解答となってくる．つまり，これまで，構文解析，常識の記述，要約などバラ
バラに研究されていた様々な問題が，穴埋め問題を解くという1つの問題とし
て集約可能である．このように考えると，穴埋め問題を熟知した大規模言語モ
デルは，かなり多くの自然言語処理について，すでに訓練できている状態と考

えられる.

なお，大規模言語モデルは，新しい問題も生んだ．それは，計算コストの問題である．大規模言語モデルは，膨大な数のパラメタを持ち，可能な限りのウェブテキストを用いて，学習を行う．このため，この開発には膨大な計算コストと環境が必要であり，必然的に，大規模な計算機が利用できる巨大企業が開発の中心となっている．以下に，BERT 以降の代表的な大規模言語モデルを示す．

- BERT, 2018（Google 開発，3.4 億パラメタ，30 億語から学習）
- GPT-2, 2019（OpenAI 開発，15 億パラメタ，40 GB コーパスから学習）
- GPT-3, 2020（OpenAI 開発，1700 億パラメタ，5000 億語から学習）
- PaLM（Pathways Language Model），2022（Google 開発，5400 億パラメタ，7680 億語から学習）

この研究への参入障壁はかつてないほど高くなっている．今後，効率的な計算に特化したチップの開発といったイノベーションが起きない限り，巨大企業による独占状態は継続するであろう．

第 7 節
大規模言語モデル時代の研究

深層学習や大規模言語モデルが大きく自然言語処理の研究を変えたことを述べた．この結果，機械翻訳や対話なども一昔前までは考えられないくらいの精度になっている．しかし，精度という数字の上での進歩に比較して，認知的な知見は少ない．例えば，どのように大規模言語モデルの中で意味が学習されているか，英語だけなく，日本語などの他の言語との関連性はどうなっているか，演繹的な操作をどのように実現しているのか，などである．まるで人間のように機械の理解の仕組みを扱う研究が始まりつつある．

（a）AI 発達学

これまでの自然言語処理は，言語学の知見である形態論や統語論をベースに開発されてきた．しかし，大規模言語モデル以降の研究の主流は end-to-end と呼ばれる手法で，言語学的な概念は用いていない．では，言語学的な概念は，AI に不要であったのであろうか？　もう 1 つの考え方は，AI が，その学習の過程で，自然に品詞や文法といった概念を獲得している可能性である．この場合，言語学的概念を，AI にわざわざ教え込む必要はないだけで，やはり重要

170   第8章 ことばと AI

だということになる.

　同様の問題は, しばしば人間の語学習得についても指摘されてきた. 例えば, 日本に生まれれば日本語文法を知らなくとも日本語を運用できるが, 学校教育では国語教育を行う. 同様に, AIについても, 国語教育が必要なのかもしれず, AI発達学, AI教育学といったものができるかもしれない.

(b) マルチモダリティ

　深層学習は自然言語処理研究のあり方を変えた. のみならず, 画像処理や音声処理など様々なモダリティ (処理対象となるメディアのことをモダリティという) の処理精度を更新している. その結果, 言語処理システムと音声処理や画像処理が用いているシステムの仕組みは近いものとなり, 言語の専門家も大きな苦労なしに他のモダリティを扱うことができるようになった. マルチモダリティ処理の応用範囲は膨大なものとなる. 私たちの生活の様々な面で使われるはずである.

(c) パーソナライゼーション

　大規模言語モデルは, 膨大なウェブテキストを用いた学習で, 実世界の記述について多くのことを知っており, 「○色のリンゴ」の○の穴埋め問題を簡単に解くことができる. しかし, 世界について熟知していてもユーザ個人のことは知らない. つまり, 「私が好きな○色」の○を埋めることはできない. このように考えてみると, ウェブ上に公開されている情報は公共的な言語情報のみで, 個人や, さらには個人の通時的な情報についてはかなり限定されている.

　しかし, まだ公開はされていないが, 今や個人についての情報も膨大な量がある. 例えば, 過去の電子メール, ショートメッセージ, SNS, スマートスピーカが認識した音声などである. これらを用いた学習はまだ行われていないが, 仮に, これらを扱うと大規模言語モデルが, もう一人の私になり代われるかもしれない.

(d) アート

　大規模言語モデルは, 膨大なウェブテキストを用いた学習を行っているが, それでも困難だと思われるのは, 素晴らしい小説や感動的な詩といった芸術的な領域の知識である. 芸術領域の学習が難しいのは主に次の2つの理由による.

- 大量の教師データが得られない:　マスターピースといわれる作品は数

が少ないために，貴重であり，大量に集めることは難しい．また，そのスタイルも様々であり，平均的な学習を行う大規模モデルにとって困難であると思われる．

- 評価が困難： 作品の評価も難しい．時代や制作者など，作品外のコンテキストが必要となる．創作者の意図やメッセージも重要となる．コンテキストとコンテンツを分離できないため，安定した評価ができない．

このような問題はあるものの，音楽や美術の分野では，AIは創作支援に実際に使われつつある．AIを用いた作品が世に出ることを人間は歓迎するのかどうか？ これから私たちが決めていかなくてはならない．

(e) コーパス量と AI

大規模言語モデルは，急速に発展しているが，その基盤となっているのはウェブ上のテキストという超大規模なテキストのアーカイブである．ということは，ウェブテキストの量が増えなければ，今後の性能向上は望めないと思われる．もちろん，現在でも，ウェブテキストは増えつつあるが，今後は，多くのコンテンツが大規模言語モデルの力を借りて制作されるはずである．これは大規模言語モデルにとっては，不幸な状態で，自分の書いた文章で，自分が賢くなるという難しい状況を迎える．

これとは別の楽観的な考え方もある．ウェブにあるテキストの多くは，世界情勢や株価の変動などのニュース，災害情報，新しいバーゲンセールの広告などである．これらのテキストは，リアルな世界で起こっていることのテキスト世界への反映である．ウェブテキストを通じて，大規模言語モデルは，株価の変動がどれくらいの頻度で起きるか，災害の規模や頻度，バーゲンセールの値引率について知ることができる．世界そのものがAIを常に進化させるという考え方である．

どちらが正しいのかは，私たちが生きているうちに明らかになると思われる．

AI，特に自然言語処理の進歩は早く，同時多発的に様々な研究，開発が進んでいる．このような改革の時代を見ることができる幸運は人類史上においても稀であろう．

コラム　応用自然言語処理：医学を例に

　大規模言語モデルは，これまでの問題を細分化して解いていくという自然言語処理の基本的な考え方から，単一の汎用モデルを作ればよいという研究のパラダイムを変える大きなインパクトである．今後，残された研究は，この汎用モデルをいかに個別の応用に用いて，私たちの生活を変えるかという応用サイドの研究が期待される．応用先も多くの分野があるが，中でも，医学，化学，生物など研究が細分化している分野で，最新の論文の動向をまとめるなど，研究サポートにも利用可能である．

　特に，応用が最も期待されている分野の1つが医療である（荒牧，2017）．病院は，市役所，学校と並んで，多くの書類を扱っている．大学病院ともなると，扱う書類の種類数は，数万ともいわれる．これらの書類は，基本的にある患者を様々な側面から切り取ったものである．例えば，診療録（一般にいうところの電子カルテ）は，患者の症状レベルの情報が記載される．患者のX線画像レポート（読影レポート）には，患者の臓器レベルの内容が，病理レポートには，腫瘍の細胞レベルの内容が記載される．看護師が記述する看護記録には，精神面のサポートについて記述される．さらに，患者が複数の医療施設を受診している場合は，このような文書が時系列で様々な施設で作成される．このように1人の患者のデータが断片化し，複数文書で存在している場合，1人の患者像全体を把握するのは困難であり，それぞれ専門的視点で見ていない可能性がある．

　このような状況は，大規模言語モデルを用いた自然言語処理が活躍する場面の典型だといえる．見落としがちな診断の可能性の警告，最新の治療法のアップデートの提供など文字どおり，AIが命を救う重要な仕事をはじめ，蓄積された情報を用いた患者さんとの相談，医師のカルテ執筆支援など，多くの医療サービスを改善できる可能性がある．

推薦図書

　自然言語処理についての概説書としては『自然言語処理〔改訂版〕』（黒橋，2019）がある．最新の機械学習については，『IT Text 自然言語処理の基礎』（岡﨑ほか，2022）が詳しい．進歩の早い分野であるので，ACL Anthology（章末文献参照）で，最新の論文から情報を入手すると，概説書の内容が更新されていることもあるであろう．

　また，統計的な考え方を学ぶという点では，『言語処理のための機械学習入門』（自然言語処理シリーズ1）（奥村・高村，2010）で，研究のトレンドに左右されない本質的な内容が網羅されている．

文　献

ACL Anthology.
　　https://aclanthology.org/（最終アクセス日：2023/12/5）
新井紀子・東中竜一郎（2018）『人工知能プロジェクト「ロボットは東大に入れるか」―第
　　三次 AI ブームの到達点と限界』東京大学出版会.
荒牧英治（2017）『医療言語処理』（自然言語処理シリーズ 12）コロナ社.
ベイカー，スティーヴン（著），金山　博・武田浩一（解説）（2011）『IBM 奇跡の"ワトソン"
　　プロジェクト―人工知能はクイズ王の夢をみる』早川書房.
Devlin, J. et al. (2019) BERT: Pre-training of deep bidirectional transformers for language
　　understanding. NAACL-HLT, 4171-4186.
河原大輔・黒橋禎夫（2005）「格フレーム辞書の漸次的自動構築」『自然言語処理』**12**(2)：
　　109-131.
黒橋禎夫（2019）『自然言語処理〔改訂版〕』放送大学.
京都大学. juman.
　　https://nlp.ist.i.kyoto-u.ac.jp/?JUMAN（最終アクセス日：2023/12/5）
岡﨑直観ほか（2022）『IT Text 自然言語処理の基礎』オーム社.
奥村　学（監修），高村大也（著）(2010)『言語処理のための機械学習入門』（自然言語処理
　　シリーズ 1）コロナ社.
瀬名秀明ほか（2011）「チューリングテストを再び考える」『人工知能学会誌』**26**(1)：55-
　　62.
Turing, A. M. (1950) Computing machinery and intelligence. *Mind* **LIX**(236).
Universal Dependencies contributors. Universal Dependencies.
　　https://universaldependencies.org/（最終アクセス日：2023/12/5）

索　引

人　名

アッタルド（Attardo, S.）
75
アプター（Apter, M.）　73
アリストテレス（Aristotle）
63, 66
ウィーナー（Wiener, N.）
74
ウォーフ（Whorf, B. L.）
53
エヴェレット（Everett, D.
L.）　44

カント（Kant, I.）　70
ガンパーズ（Gumperz, J.）
56
グライス（Grice, H. P.）
15, 75
クロフト（Croft, W.）　57
ケリー（Kelley, H. H.）　6
小泉八雲　79
コリンズ（Collins, E. C.）
10
コーン（Cohn, N.）　89

サクス（Sacks, H.）　51
シェミン（Semin, G. R.）
13
シュワルツ（Schwarz, N.）
15
ショーペンハウアー

（Schopenhauer, A.）
70
スペンサー（Spencer, H.）
71
スミス（Smith, E. R.）　13
スミス（Smith, K.）　73

ダーウィン（Darwin, C.）
58, 63
タルミー（Talmy, L.）　55
チョムスキー（Chomsky,
N.）　43
デイヴィス（Davies, M.）
141
トマセロ（Tomasello, M.）
51

夏目漱石　62
ノレンザヤン（Norenzayan,
A.）　15

バフチン（Бахтин, M. M.）
70
ヒギンズ（Higgins, E. T.）
7
ファンホーフ（フーフ）（van
Hooff, J. A. R. A. M.）
64
フィッシュ（Fish, D.）　2
フォージー（Fausey, C. M.）
3
ブラウン（Brown, R.）　2
プラトン（Plato）　66

フロイト（Freud, S.）　71
ベルクソン（Bergson, H.）
70
ボアズ（Boas, F.）　49
ホッブズ（Hobbes, T.）　69
ホール（Hall, E. T.）　45
ボロディツキー
（Boroditsky, L.）　3

マカラック（McCulloch, G.）
38
マース（Maass, A.）　13
マリノフスキー（Malinowski,
B. K.）　48
マレー（Malle, B. F.）　4
メスディ（Mesoudi, A.）
58
モア（More, T.）　68

ラスキン（Raskin, V.）　75
ラドクリフ＝ブラウン
（Radcliffe-Brown, A.
R.）　48
ラネカー（Langacker, R.
W.）　55
ラボフ（Lavob, W.）　56
レイコフ（Lakoff, G. P.）
55
ロールズ（Rholes, W. S.）
8

欧 文

AI　155

BCCWJ　141
BERT　127, 165

COCA (Corpus of Contemporary American English)　141
computer-mediated communication (CMC)　22
computer-mediated discourse (CMD)　22
coordination　160

DDL (data-driven learning)　152
downstream task　126

end-to-end　169

fine-tune　126
foundation model　164

GPT　126

humour (humor)　63

IBM モデル　114
InstructGPT　135

large language model (LLM)　164

MOOCs　32

named entity recognition (NER)　158
netspeak　22
ngram　113

one-hot ベクトル　117
OpenAI　126

PP アタッチメント　160
prepositional phrase attachment　160
pre-trained model　126

recognizing textual entailment (RTE)　160
relation extraction (RE)　158
RNN 言語モデル　117

semantic role labeling　160
semantic textual similarity (STS)　160

T5　129
tokenization　158
Transformer　122

universal dependency　160

あ 行

アナグノーリシス　67
アノテーション　143
アラインメント　134
暗黙の因果性効果　3

言うことは信ずること効果　8
位置符号化　124
逸脱　78
一般言語ユーモア理論　75

意図　4
意図的主体　54
意味役割付与　160
依頼　29
因果マスク　124
印象形成　6
インターネット　21
インターネットミーム　25, 27
インターパーソナルセルフ　96

ウェブ会議システム　31, 37
ウェブ会議ツール　33
受け手への同調　8
打ちことば　21, 25, 28, 29

エコロジカル・セルフ　96
エスニックジョーク　68
エスノメソドロジー　33, 51
エスプリ　79
エネルギー（解放）説　71
エンコーダデコーダモデル　118

驚き　78
オノマトペ　88, 102
オープンマテリアル　16
音象徴　88
オンライン　21
オンラインコミュニケーション　21

か 行

会話の格率　10
会話の公準　75
書き言葉コーパス　142

索　引　　177

学習型位置符号化　125
学習者コーパス　143
確率的勾配降下法　116
確率論的な言語観　149
下降性の不一致　71
下流タスク　126
含意関係認識　160
感覚　79
関係抽出　158, 160
観察モデル　150
感情　79
観念論　77

機械翻訳　109
帰属意識　28
機知の技法　72
機能主義　48
基盤モデル　164
客観的把握　90
9か月革命　54
共感覚　103
共起　157
教師強制　117
共同注意　86, 97
共有的リアリティ　9
キリスト教　67
近接学　45
緊張緩和　70

訓練済みモデル　126

経験基盤主義　147
経験論　77
形態素解析　158
計量言語学　144
系列の交叉（相互干渉）　76
系列変換モデル　118
決定論的言語観　149
原因帰属　2
原言語　109

言語カテゴリモデル　11
言語期待バイアス　11
言語規範　21, 22, 25, 27
言語集団間バイアス　12
言語人類学　47
言語相対性仮説　3
言語文化による笑いの差異　77
言語モデル　112
現代日本語書き言葉均衡
　コーパス　141

語彙教育　151
行為主体性　4
行為動詞　3
高コンテクスト　45
交差注意　123
構造主義　49
合理論　77
交話的言語使用　49
声を伴う笑い　64
言葉遊び　78
コーパス　111
コーパス言語学　144
コミュニケーションの資源
　21, 29, 33, 34, 38
コミュニティ　27, 28
固有表現抽出　158
コンテクスト化の合図　29

さ　行

再帰ニューラルネットワー
　ク　116
再現性危機　14
サイバネティクス　74
サピア・ウォーフの仮説
　53
残差結合　123
参与構造　32

思考の連鎖　132
自己回帰モデル　117
自己教師あり学習　166
自己注意　123
指示チューニング　132
視線　33
自然言語処理　109, 145,
　155
自然言語推論　127
視程　33
自動詞　3
自発的微笑　65
社会心理学　1
社会的状況的認知　13
社会的転回　56
社会的認知　1
社会的微笑　65
社会認知言語学　57
社交性の笑い　81
主観的把握　90
順伝播ニューラルネット
　ワーク　116
状況創出　80
少数ショット学習　132
状態動詞　3
ジョークの型　77
所属意識　28
人工知能　155
新生児微笑　65
身体仮説　103
身体操作　81
身体離脱ショット　86,
　98-102, 104, 106
心的走査　99
人類言語学　47

スイッチバック現象　30
スクリプト　75
ステレオタイプ　9
スピーチアクト　45

索 引

正弦波位置符号化 125
聖書 67
生成文法 43, 89
セマンティックロールラベ
　リング 160
ゼロショット学習 132

相互行為言語学 52
層正規化 123
双方向 RNN 121
素性 165
素朴理論 4

た 行

大規模言語モデル 131,
　164
対人認知 6
態度 80
大東流合気柔術 81
対訳コーパス 111
多言語コーパス 143
多言語性 136
だじゃれ 78
立場 79
他動詞 3
多文化主義 49
単言語コーパス 111
単語穴埋め 128
単語埋め込み 118
単語対応 113
談話機能言語学 52
談話構造解析 160

注意機構 120
中間言語 45
チューリングテスト 156
直接選好最適化 136
チンパンジー 63

通時コーパス 143

低コンテクスト 45
テクノソーシャル 32
転移学習 125

等位接続 160
同一化技法 86, 94, 95, 97,
　100, 103
統一理論 74
統計的機械翻訳 111
統計的言語モデル 112
動的視点 95
トークナイゼーション
　158

な 行

内容モデル 150

二元論 77
二重分節性 89
ニューラル機械翻訳 114
ニューラル言語モデル
　116
ニューラルネットワーク
　114
人間関係 35, 36
人間のフィードバックから
　の強化学習 135
認知革命 55
認知（機能）社会言語学
　55, 56
認知言語学 53, 55, 56, 90,
　94, 102, 103
認知シナジー 74

ネットジャーゴン 24

は 行

背後霊的視点 101
配慮 29, 30, 34
配慮行動 29
発見的認知 67
発話行為 78
発話内行為 79
発話媒介行為 79
話し言葉コーパス 142
反転（リバーサル）理論
　73
万能関数 115

評価基準の変移 11
頻度モデル 150

ファインチューン（微調整）
　126
不一致説 69
武術 81
ブーバ・キキ効果 92
プライミング効果 8
プロンプト 131
文化 42
文化進化論 57
文化人類学 49
文化相対主義 49
文脈化 121
文脈内学習 132

ヘブライの信仰 67
変種理論 26

微笑み 64
ポライトネス理論 44
翻訳モデル 112

索　　引　　　　*179*

ま 行

マッハの自画像　96
マルコフモデル　112
マルチタスク学習　130
マルチヘッド注意　123
マルチモダリティ　105
マルチモーダル　105
マンガ学　86, 87
マンガ表現　93
マンガ表現論　86, 87, 92

〈見え〉先行方略　95

無作為抽出　147

目的言語　109

や 行

役割語　87, 88

優越説　68
ユニバーサルディペンデン
　シー　160
ユーモア　62

容認可能性　149
四体液説　63

ら 行

ライトノベル　91, 104, 105

わ 行

分かち合うことは信ずるこ
　と効果　9
分かち書き　158
わきまえ理論　44
笑い・微笑による状況創出
　80
ワンショット学習　132

編集者略歴

辻　幸夫（つじ　ゆきお）
1989 年　慶應義塾大学大学院修了
現　在　慶應義塾大学名誉教授
主な編著　『ことばの認知科学事典』（大修館書店，2001 年），『認知言語学大事典』
（朝倉書店，2019 年），『新編 認知言語学キーワード事典』（研究社，
2013 年），『認知言語学への招待』（大修館書店，2003 年）など

菅井三実（すがい　かずみ）
1992 年　名古屋大学大学院修了
現　在　兵庫教育大学大学院学校教育研究科教授
主な編著　『社会につながる国語教室―文字通りでない意味を読む力』（開拓社，
2021 年），『人はことばをどう学ぶか―国語教師のための言語科学入門』
（くろしお出版，2015 年），『英語を通して学ぶ日本語のツボ』（開拓社，
2012 年）など

佐治伸郎（さじ　のぶろう）
2011 年　慶應義塾大学大学院修了
現　在　早稲田大学人間科学学術院人間科学部准教授
主な編著　『信号，記号，そして言語へ―コミュニケーションが紡ぐ意味の体系』
（共立出版，2020 年），『言語と身体性』（岩波書店，2014 年），『言語
と哲学・心理学』（朝倉書店，2010 年）など

シリーズ〈ことばの認知科学〉3
社会の中のことば　　　　　　　　　　定価はカバーに表示

2024 年 10 月 1 日　初版第 1 刷

編集者　辻　　　　幸　　夫
　　　　菅　井　三　実
　　　　佐　治　伸　郎
発行者　朝　倉　誠　造
発行所　株式会社　朝　倉　書　店
　　　　東京都新宿区新小川町 6-29
　　　　郵便番号　162-8707
　　　　電　話　03 (3260) 0141
　　　　FAX　03 (3260) 0180
　　　　https://www.asakura.co.jp

〈検印省略〉

© 2024〈無断複写・転載を禁ず〉　　　　　教文堂・渡辺製本

ISBN 978-4-254-51703-3　C 3380　　　Printed in Japan

JCOPY〈出版者著作権管理機構 委託出版物〉

本書の無断複写は著作権法上での例外を除き禁じられています．複写される場合は，
そのつど事前に，出版者著作権管理機構（電話 03-5244-5088, FAX 03-5244-5089,
e-mail: info@jcopy.or.jp）の許諾を得てください．

シリーズ〈ことばの認知科学〉1 ことばのやりとり

辻 幸夫・菅井 三実・佐治 伸郎 (編)

A5 判／208 頁　978-4-254-51701-9　C3380　定価 3,520 円（本体 3,200 円＋税）

認知科学における言語研究の基礎と流れを概観し，理論的・実証的研究の展開を解説。言語研究に考えを巡らせられる「ことばの認知科学」への誘い。〔内容〕認知科学と言語研究／ことばと意図理解／ことばと暗黙知／ことばと対話の多層性／ことばとロボット／ことばと相互行為／子育てのことば／カウンセリングのことば

シリーズ〈ことばの認知科学〉2 ことばと心身

辻 幸夫・菅井 三実・佐治 伸郎 (編)

A5 判／184 頁　978-4-254-51702-6　C3380　定価 3,520 円（本体 3,200 円＋税）

認知科学における言語研究の基礎と流れを概観し，理論的・実証的研究の展開を解説。言語研究に考えを巡らせられる「ことばの認知科学」への誘い。〔内容〕ことばと主観性／ことばとマルチモダリティ／ことばと思考／ことばと感性／ことばと脳／ことばと知覚・情動／ことばと記憶／ことばと運動

シリーズ〈ことばの認知科学〉4 ことばと学び

辻 幸夫・菅井 三実・佐治 伸郎 (編)

A5 判／192 頁　978-4-254-51704-0　C3380　定価 3,520 円（本体 3,200 円＋税）

認知科学における言語研究の基礎と流れを概観し，理論的・実証的研究の展開を解説。言語研究に考えを巡らせられる「ことばの認知科学」への誘い。〔内容〕教育とことば／ことばと読み書き／バイリンガルと多文化共生／第一言語習得（母語習得）／第二言語習得／特別支援教育とことば／ことばのリハビリテーション／手話の認知科学

ことばを科学する ―理論と実験で考える，新しい言語学入門―

伊藤 たかね (著)

A5 判／224 頁　978-4-254-51074-4　C3080　定価 3,080 円（本体 2,800 円＋税）

言語学の入門テキスト。日本語と英語の具体例・実験例を見ながら，言語学の基礎理論とことばを科学的に理解する方法を学ぶ。〔内容〕ことばを操る／ことばを理論的に科学する／心と脳の働きを調べる／音／語の意味と構文／使役文／受身文／疑問文／話し手と聞き手／常識的な知識と意味／手話から見る言語の普遍性と多様性／他

認知言語学大事典

辻 幸夫 (編集主幹)／楠見 孝・菅井 三実・野村 益寛・堀江 薫・吉村 公宏 (編)

B5 判／864 頁　978-4-254-51058-4　C3580　定価 24,200 円（本体 22,000 円＋税）

認知言語学理論と関連分野について，言語学研究者から一般読者までを対象に，認知言語学と関連分野の指導的研究者らがその全貌を紹介する。全52項目のコラムで用語の基礎を解説。〔内容〕総論(記号論／認知科学／哲学／他)／理論的枠組み(音韻論／形態論／フレーム意味論／他)／主要概念(カテゴリー化／イメージ・スキーマ／参照点／他)／理論的問題(A.言語の進化と多様性／B.言語の創発・習得・教育／C.創造性と表現)／学際領域(心理学／人類学／神経科学／脳機能計測／他)

上記価格は 2024 年 9 月現在